君は本当はいい子なんだよ！

「トットちゃん」と今の教育を考える

森 透〔著〕

三恵社

はじめに

　「君は、本当はいい子なんだよ！」——この言葉は今の黒柳徹子さんを支えています。トットちゃんは公立小学校では落ち着きがない子とされ、トモエ学園に出会いました。小林宗作校長先生は初めてのトットちゃんのお話を4時間もじっくりと聞いてくれたあとに、さあ、君は今日からこの学校の生徒だよ、と迎えてくれました。トットちゃんは生れてはじめての校長先生との出会いに心から感動しました。トットちゃんはトモエ学園でもいろいろとありましたが、校長先生は決して怒らず、「君は、本当はいい子なんだよ！」と言い続けてくれました。小林校長先生は、子どもの想いや願い、子どもの本質を見抜く眼を持っていたのです。
　今の教育を考えると、いろいろな心配なことがあります。いじめや不登校、発達が気になる子など、それぞれの子どもの個性を認めない教育が多いように思います。その時に、4時間も子どもの声にじっくりと耳を澄ます教師がいるでしょうか。何か、問題を起こした時に、注意したり、怒ったりする教師が多い中で、「君は、本当はいい子なんだよ！」と言って励ます教師はどのくらいいるでしょうか。子どもの想いや願いを受け止めて、その子のやりたいこと、その子の行動を認めて、「君は、本当はいい子なんだよ！」と常に子どもの心に届く言葉をかける教師はどのくらいいるでしょうか。
　本書では、この小林校長先生と出会い、その後の人生を生きて来た黒柳徹子さんを思い浮かべながら、教育って何だろう、教師ってなんだろうと、皆さんと一緒に考えたいと思います。私は、大学で1年生の学生に、トットちゃんの本をテキストにして読み合いました。学生たちはいろいろな経験をして大学に入ってきましたが、この本に出会い、小林校長先生に出会い、「君は、本当はい

い子なんだよ！」という言葉に出会い、将来、このような教師にぜひなりたいと強く思うのでした。今の若い学生たちの心にも届く本であると、私は改めて思いました。今から40年以上前の1981年に書かれたトットちゃんの本は、荒れた中学生のことに心を痛めて書かれた本でした。子どものこと、教師のこと、お母さん、お父さんのことも考えた本であると私は思います。このトットちゃんの本をもとにしながら、これからの教育、これからの学校、これからの教師、これからの家庭など、いろいろなことに思いを巡らして、一緒に考えてみたいと思います。

　ところで、NHKの新プロジェクトＸで、トットちゃんが取り上げられたのです！　大変驚きました。2024年7月6日（土）19時30分～20時15分放映の「トットちゃんの学校－戦時下に貫いた教育の夢」です。発掘された非常に貴重な映像も含む感動的な内容で、戦前のある小学校から今の教育への熱いメッセージという番組でした。黒柳徹子さんも登場され、涙ながらに小林校長先生のことを語っておられました。今の教育に、大きなインパクトを与えるトモエ学園の歴史が表現されている番組であると改めて思いました。

　本書は第1部では、トットちゃんの本をめぐって書いたものを収録しています。また、トモエ学園を歴史的に位置づけたものも入れています。内容的に重複するものもありますがお許しください。第2部では、福井県における子どもの人権を守る取組みを取り上げています。さらに私の原点である大学時代の闘争の記録も取り上げています。第3部は大正新教育研究の現段階における私の研究を取り上げています。手塚岸衞が晩年につくった私立学校を引き継いだのが小林宗作のトモエ学園という歴史的継続性が非常に大事であると考えます。

　この本が、少しでも今の教育へのヒントになればと思います。そして、いろいろな子どもたちが活き活きと過ごす教育、学校、家庭、地域が産まれることを願っています。

2025年3月

森　　透

目　次

はじめに・・・・・・・・・・・・・・・・・・・・・・・・3

第1部　『窓ぎわのトットちゃん』の現代的意義・・・・・・・・・7
1　祝創刊第70号／窓ぎわのトットちゃんとこれからの教育を考える・・8
2　「窓ぎわのトットちゃん」と現代の教育を考える（第1回〜第3回）・・12
3　開智国際大学における授業実践
　　―「窓ぎわのトットちゃん」を題材として―・・・・・・・・・30
4　トモエ学園の教育実践における歴史的位置
　　―教育実践史研究ノート―・・・・・・・・・・・・・・・43

第2部　子どもの人権を守る取組みと筆者の原点・・・・・・・59
1　福井県における子どもの人権を守る取組み・・・・・・・・・60
2　福井県における子どもシェルター・自立援助ホームの実践・・・・・70
3　『語り継ぐ私たちの東京教育大学』における筆者の原点・・・・・・75

第3部　大正新教育研究の現代的課題・・・・・・・・・・・79
1　大正新教育研究の方法論的検討
　　―民衆史の視点から福井県を事例に考える―・・・・・・・・・80
2　手塚岸衞の再評価と千葉師範附属小学校の教育実践
　　―『自由教育真義』及び機関誌『自由教育』等を手がかりにして―・・・96

初出一覧・・・・・・・・・・・・・・・・・・・・・・119
おわりに・・・・・・・・・・・・・・・・・・・・・・121

第1部　『窓ぎわのトットちゃん』の現代的意義

1 <祝創刊第70号・巻頭言> 窓ぎわのトットちゃんとこれからの教育を考える

はじめに

　『生徒とともに』創刊第70号おめでとうございます。私も一時、編集委員をさせていただきましたが、本当に大事な機関誌だと思います。福井の高校の先生方や生徒たちの現状と課題を常に意識されて、よりよい教育に向けて発信している姿勢には深く共感し敬服しております。このたび、巻頭言の執筆を依頼されまして大変恐縮ですが、お引き受けさせていただきました。さて、何を書こうかと考えまして、私の専門である教育史、特に大正自由教育について最近考えていますので、タイトルを「窓ぎわのトットちゃんとこれからの教育を考える」とさせていただきました。私の勤務校の開智国際大学の1年生の授業でも、黒柳徹子『窓ぎわのトットちゃん』をテキストに指定して、学生と一緒に読んでいます。

黒柳徹子さんとトットちゃん

　御存知の通り、『窓ぎわのトットちゃん』はタレントの黒柳徹子さんの著作で、黒柳さんの小学校時代が興味深く書かれています。最初の個所で一番注目される点は、トットちゃんは地域の公立小学校では授業中に動き回り落ち着きがなく、担任から厳しく言われた母親が学校をやめて、探し当てた学校がトモエ学園だったということです。黒柳さんは「あとがき」に、「エジソン、アインシュタイン、そして黒柳徹子はLDだった」というある方の論文の一部を引用して、エジソンもアインシュタインも子ども時代に認められない生き方をしたことについて述べています。3人とも学習障害（LD）ではないかという指摘ですが、

今でいう発達障害のことですね。現代では発達障害傾向のある子どもたちには深い配慮がなされていますが、昔はなかなかそうはいかなかったと思います。トモエ学園の校長・小林宗作は「君は、本当はいい子なんだよ」「みんな一緒だよ」と常に子どもたちに語りかけ、子どもの豊かな成長と発達を支えた教師でした。この教師に出会った黒柳さんは人生で最高の出会いに遭遇したといえます。

ＮＨＫ放映の新プロジェクトＸのトットちゃん

　今年（2024年）の7月にＮＨＫの新プロジェクトＸで「トットちゃんの学校―戦時下に貫いた教育の夢」が取り上げられました（7月6日、土曜日19時30分〜20時15分放映）。私は大変驚きました。トットちゃんの学校（トモエ学園）がＮＨＫの新プロジェクトＸで取り上げられたということは、トモエ学園の教育がいまの学校に対して鮮烈なアピールとなるということではないかと考えました。映像の解説では、「黒柳徹子さんら、個性的な卒業生を輩出した小学校「トモエ学園」の物語。他校に受け入れを断られた子らと向き合った教師たちの奮闘を貴重な資料と証言で振り返る特別編」とあります。ＮＨＫとしては、今の学校はいじめや不登校など、様々な問題を抱えているけれども、戦前の日本にはこのような自由な学校があり、個性的な教育が行われていたこと、特にトモエ学園の校長の小林宗作を紹介したかったのではないかと思います。黒柳さんも証言の中で、校長の小林宗作と出会っていなかったら今の私は存在していないと涙ながらに語っています。

大正自由教育から学ぶもの

　大正自由教育は大正新教育とも言われていますが、歴史的には明治期の教師主導の画一的な教育を改造して、子どもたちの自由な発想にもとづく個性的な教育を作り出していった教育といえます。福井県では、三国尋常高等小学校の「自発教育」が全国的に有名です（今の三国南小学校）。校長の三好得恵が落ち

こぼれの子どもたちを救いたいという思いで、個人のやりたい学習を自由な学習進度で保障する自主学習時間を時間割の中に設定しました。今でいう「個別最適な学び」でしょうか。子どもたちは算術や読み書きなど、自分が得意でやりたい学習をその教科の学習室で意欲的に学ぶのです。当時の教育は教師主導の一斉教育が支配的でしたから、このような子どもから発想する教育は非常に貴重なものでした。このような自主的・自発的な学習は、東京の私立小学校（トモエ学園もこの流れです）や全国の師範学校附属小学校、そして数は少ないですが、公立小学校でも展開していました。三国尋常高等小学校も公立小学校の一つです。

これからの教育を考える

　今の教育は前述したように、いじめや不登校、発達障害、落ちこぼれ、など、様々な課題があります。高校では、生徒の皆さんは本当に学びたいことが学べていますでしょうか。先生方も生徒たちの学びを支える役割ができていますでしょうか。高校教育でも様々なチャレンジをしながら生徒の学びを支える学校が福井だけでなく、全国に産まれていると思います。子どもたちが深い学びをするためには、教師の役割が非常に大事です。トモエ学園の校長小林宗作のように、自らの信念を持って愛する子どもたちのためにすべてを投げ出す気概が必要ではないでしょうか。小林宗作は群馬県生まれで若いころは大正新教育の影響のもと、多くを学び、自分の目指す学校（トモエ学園）を昭和12年に創立しました。教育を変えるのは、やはり教師だと思います。教師が、子どもたちの思いや願いを見抜き、それを徹底的に支援する、子どもの願いや希望を実現するために献身的に尽くす。ここにこそ、今の教育を変える原動力があるのではないでしょうか。福井の先生方の奮闘に敬意を表し、児童・生徒たちの主体的な学びに最大限の応援を送りたいと思います。

＜参考文献＞

黒柳徹子（1981）『窓ぎわのトットちゃん』講談社

同（1984）『窓ぎわのトットちゃん』講談社文庫版

同（2015）『窓ぎわのトットちゃん』新組版・講談社文庫版

同（2023）『続　窓ぎわのトットちゃん』講談社

絵本／黒柳徹子原案・柏葉幸子文・松本春野絵（2023）『トットちゃんの15つぶのだいず』講談社

佐野和彦（1985）『小林宗作抄伝』話の特集

開智国際大学教職センター（2023）『開智国際大学教職センター研究報告』第5号

橋本美保編著（2024）『大正新教育の実際家』風間書房

森透（2020）『教育の歴史的展開と現代教育の課題を考える―追究―コミュニケーションの軸から―』三恵社

第1部　『窓ぎわのトットちゃん』の現代的意義

2　「窓ぎわのトットちゃん」と現代の教育を考える

<第1回>

1　はじめに

　先日、編集長の鈴木先生から「トットちゃんと大正新教育」について連載で書いてほしいと依頼された。かなり前に、私の大正新教育の発表や原稿を寄せたことがあったが、日ごろは読者で過ごしていたが、鈴木先生から突然連載で書いてほしいと依頼されてしまった。少し考えてから、書かせていただくというお返事をした。今回はその第1回目である。「窓ぎわのトットちゃん」とは黒柳徹子の著作で、ベストセラーにもなり、世界で多く翻訳され愛読者が多い。初版は1981年で、あとがきに「中学校の卒業式に、先生に暴力をふるう子がいるといけない、ということで、警察官が学校に入る、というニュースのあった日」とある。中学校の校内暴力が激しい時代で、当時、私は東京にいて足立区の厳しい現実を見ていた時であった。1985年に福井大学に赴任し、学部の教育史の授業で、本書をテキストに指定して学生たちと一緒に読んできた。また、2023年から開智国際大学の教育史の授業でもテキストに指定して読んでいる。今の学生たちに本書がどのように受入れられるのかは心配であったが、教育史の専門書よりもはるかに学生たちに大きな感動を与えたようである（連載の3回目にご紹介する）。本書は、読まれた方は同じような感想を持たれると思うが、非常に読みやすい本であり、いつ読んでも、ほっとして、心温まるエッセイである。

　突然、先日の7月6日（土）19時30分〜20時15分（45分）に、NHKの新プロジェクトXで、「トットちゃんの学校」が放映された。すぐに私は録画をしてDVDにダビングし大学で学生たちに視聴してもらった。突然にNHKの

新プロジェクトXで取り上げられたことに驚いた。内容は、非常に貴重な新たな史料もかなり盛り込まれた内容であった。トモエの校長・小林宗作の映像も大変貴重であった。今の教育をみるときに、戦前のトモエ学園とは何だったのか、黒柳さんが育った学校とは何だったのか、地域の小学校にうまく適応できなかった黒柳さんが救われた自由な学校であったトモエ学園と、その校長であった小林宗作はどのような人物であったのか、について45分でコンパクトにまとめられていた。黒柳さんも証言者で登場し、涙ながらに小林校長やトモエ学園に感謝している姿が印象的であった。トモエ学園がなかったら今の私はない、という黒柳さんの語りは、学校が人間形成に大きな役割を果たすことの証言でもある。丁度、この原稿を執筆している今日が8月13日であるが、「朝日新聞」で「いわさきちひろ　没後50年」の記事があり、長男の松本猛氏が執筆している。いわさきちひろが、「戦火のなかの子どもたち」(1972年)や「焔のなかの母と子」(1973年)に込めた思いは何だったのか。黒柳さんが初版から42年後の昨年、『続　窓ぎわのトットちゃん』と絵本『トットちゃんの15つぶのだいず』の2冊(いずれも講談社、2023年)を出版したが、その意図は世界各地での戦争の現実と、戦争を体験した自身の思いと願いを書いている。また、初めての映画化もされた。

　『新装版・窓ぎわのトットちゃん』(講談社・2006年)の「あとがき」で、いろいろな本で黒柳さんのことを、今でいうLDではないか、エジソン、アインシュタイン、そして黒柳徹子はLDだったという。トットちゃんは学校で様々なトラブルを起こすが、小林校長先生の「きみは本当はいい子なんだよ」という言葉に支えられたと黒柳さんは述懐している。トモエ学園は昭和12(1937)年4月に東京に小林宗作校長によって創設され、昭和20年4月の東京大空襲で焼失する。それでは、以下に小林校長についてご紹介しよう。

2　小林宗作の生涯

　小林宗作については、貴重な本がある。佐野和彦氏の『トットちゃんの先生

13

第 1 部　『窓ぎわのトットちゃん』の現代的意義

小林宗作抄伝』(話の特集、1985 年) である。残念ながら佐野さんはご逝去されたが、面白いエピソードが本書で紹介されている。佐野さんは「徹子の部屋」のディレクターを長く担当していたが、音楽が専門の佐野さんは小林宗作について独自に調査研究をしていたが、黒柳さんがトモエ学園で小林宗作と出会っていたことを全く知らなかったという。そして、ある時、小林宗作とトットちゃんが一致して、2 人は大変驚き感動したと紹介されている。それでは以下に、小林宗作の生涯を簡単に紹介しよう。

　小林宗作は明治 26 年 6 月に群馬県に生まれ、高等小学校卒業後、地元で代用教員となる。そして、大正 5 年 4 月に今の東京芸術大学である東京音楽学校師範科に入学し、卒業後東京で小学校訓導となる。大正期の東京は大正新教育が熱心に実践された時期で、大きな影響を受けたと推察される。大正 9 年 4 月に大正新教育の新学校である私立成蹊学園小学部の訓導となり、大正 12 年 3 月退職、その後ヨーロッパ留学でリトミック教育を経験。大正 14 年 5 月に大正新教育のメッカといえる私立成城学園の幼稚部主事となる。このヨーロッパ留学については、先日の NHK 新プロジェクト X で新たな事実が紹介されていた。その後、昭和 6 年に日本リトミック協会を設立し、日本にリトミック教育を導入した。リトミック教育は現在でも幼児教育で普通に導入されている活動で、音楽に合わせて子どもたちが自由に身体表現する活動である。今の保育園や幼稚園でどこでも行っている活動である。これを初めて日本に導入した人物が小林宗作なのである。その後、昭和 12 年 3 月に成城学園を退職し、東京の自由が丘にあった手塚岸衞が創立した自由が丘学園を引きついで、昭和 12 年 4 月にトモエ学園を創立する。小林が 44 歳の時である。このトモエ学園にトットちゃんは入学し、小林校長と出会うのである。初対面で 4 時間もトットちゃんの話を聞いた小林宗作の偉大さが感じられる。トットちゃんも小林校長に、なんでも話してごらんという誘いに促されて、自分の心の中にあること、すべてを語った黒柳さんも偉大だと感じた。2 人の出会いが歴史的に感動すべき事柄といえる。その後、トモエ学園は昭和 20 年 4 月の東京大空襲で焼失する。「次はど

んな学校をつくろうか」と語った小林は、専門の音楽を活かして国立音楽大学の教師となる。大学の附属幼稚園では小林の教育が実践されたと推測される。NHK新プロジェクトXでは、国立音楽大学で授業をしている小林の映像や附属幼稚園の映像が放映された。この当時の映像の記録がテープに残っていたことに私は非常に感銘し、この番組の関係者が発掘されたことに深く敬意を表したい。小林は1963（昭和38）年に逝去する。

　以上、簡単ではあるが、小林宗作の生涯を紹介してきた。トットちゃんの恩師である小林が音楽の教師として日本にリトミックを導入し、大正新教育の渦中にいて、自分の理想とする学校であるトモエ学園を創立した歴史は、これからの日本の教育を考えるにあたり、貴重な事実である。現代の教育と学校がいじめや不登校に代表されるように、子ども達が居場所として安心して楽しめる場所になっていない現実があることは残念である。このトモエ学園の歴史を通して、これからの未来の教育や学校を思い描き、新たな教育や学校を創造してほしいと考える。

　最後に、連載の第2回は、大正新教育とは何か、第3回は私が開智国際大学の授業でトットちゃんを取り上げた学生の反応などをご紹介したい。参考までに、私が今までの主要論文をまとめた拙著『教育の歴史的展開と現代教育の課題を考える―追究―コミュニケーションの軸から』（三恵社、2020年）をご紹介しておきたい。

＜第2回＞

1 はじめに

　連載の2回目です。今回は、トットちゃんの学校のトモエ学園の思想について考えます。校長の小林宗作がトモエ学園を創立しましたので、小林宗作が依拠した大正新教育の思想と実践ということになります。

　岩波書店の月刊誌『世界』2024年9月号に黒柳徹子さんの記事がありました。神戸市外国語大学の山本昭宏氏による「彼女たちの戦後」第1回黒柳徹子―テレビ司会者の本領―と題する4頁にわたる文章です（88～91頁）。山本氏はいう。「テレビというメディアにおいて、黎明期の1950年代前半から現在に至るまで、（1971年から72年にかけてのニューヨーク滞在を除いて）途切れることなく活躍し続けているのが、黒柳徹子（1933年～）である」と評価しています。NHKは1953年にテレビタレントを養成するために東京放送劇団の劇団員を募集し、約6000人の応募のなかから17人が合格、そのなかに黒柳徹子がいたのです。その後、黒柳は「ヤン坊ニン坊トン坊」、「若い季節」「夢であいましょう」等で活躍を続け、1976年には「徹子の部屋」が始まります。「徹子の部屋」は現在も放送されている長寿番組ですが、芸能人、スポーツ選手、作家など多様なゲストの「身の上話」が見どころで、書籍化された『徹子の部屋』（全四巻）を読むと、「当時の芸能人や文化人たちの戦争体験が、自然に語られていることに驚かされる」（89頁）と山本氏は語っている。黒柳は自らの話術について、「相手に警戒心を抱かせない、だれにでも同じように接する、この二つの点に気を付けています」と述べています（90頁）。黒柳の多くの方々への配慮の心遣いと、丁寧な対応、また戦争の体験と平和を願う気持ちは、このような経験を踏まえて現在でも続いていると考えられます。

　以上、雑誌『世界』からご紹介してきましたが、それでは、大正新教育の思想と実践を語っていきましょう。

2 大正新教育の思想と実践

　校長の小林宗作が依拠した大正新教育について考える場合、明治期から戦前昭和期までの大きな教育の歴史をある程度頭に入れておくことが大事かなと思い、以下に年表風にご紹介します。大正新教育に関連する事項には下線を引きますので、ご確認ください。

(1) 年表での紹介
＜明治期＞1868-1912
　＊1872(M5)　「学制」－近代国民教育制度の成立
　＊明治20年代ヘルバルト教授法の普及→教師主導の一斉授業展開（「教授定型」の成立）
　＊1890(M23)　「教育ニ関スル勅語」発布
　＊1896(M29)　J.デューイによるシカゴ大学における実験学校
　＊1899(M32)　樋口勘次郎「飛鳥山遠足」(『統合主義新教授法』)
　＊1903(M36)　棚橋源太郎「郷土科教授の一例」(『尋常小学に於ける実科教授法』)
　＊樋口勘次郎「活動主義」／谷本富「自学（輔導）主義」
　　◎明治30年代頃から子どもの視点から学習をとらえようとする動き

＜大正期＞1912－1926
　＊1917(T6)　沢柳政太郎→成城小学校「自然科」／機関誌『教育問題研究』
　＊1918(T7)　長野師範附属小「研究学級」(杉崎主事)→担任は青年教師・淀川茂重
　＊奈良女子高等師範学校附属小→1923・鶴居滋一「幼学年児童の合科学習とプロジェクトの一例」(機関誌『学習研究』1号)
　＊1923(T12)　河野伊三郎「合科組織による学習の実際」(『学習研究』2号)
　＊1924(T13)　私立池袋児童の村小学校（1924～1936）→戦前カリキュラム改

<u>造の最高到達点</u>

＜戦前・昭和期＞1926-1945
◎生活綴方運動、新教・教労、教育科学研究の教育運動
＊1927（S２）山路兵一「『遊びの善導』から「分科としての国語学習指導』まで」（『学習研究』12号）

＊1930（S5）.10 『綴方生活』第二次宣言→野村芳兵衛

＊1932（S7）.4　村山俊太郎

＊1934（S9）.8　南きんじ『児童問題研究』

＊1937(S12).4　トモエ学園の開校（〜1945.4東京空襲で焼失）

（2）大正・昭和期の教育実践の展開

　子ども中心、自発性、個性、自己活動などを大事にした学校や実践が全国的に展開され、アクティブラーニングの実践といえます。以下の３つの源流があります。

　①東京の私立小学校（成城小学校・玉川学園ほか）
　②各県の師範学校附属小学校（千葉県師範学校附属小と手塚岸衛・長野県師範学校附属小「研究学級」と淀川茂重・奈良女子高等師範学校附属小・福井師範学校附属小ほか）、
　③公立小学校(東京都の小学校・福井県三国尋常高等小学校ほか)→戦後の民主主義教育に継承・発展。

①　東京・私立成城小学校の実践

　1917（大正6）年4月に沢柳政太郎によって創設され、4つの柱があります。①個性尊重の教育、②自然に親しむ教育、③心情の教育、④科学的研究を基とする教育（「成城小学校創設趣意」）。月間教育雑誌『教育問題研究』を発行しており、1921（大正10）年3月の読者会員数は、東京208人、<u>福井178人</u>、岩

手と大分164人で全国2528人です。全国的な広がりがみられます。福井が2番目に読者が多いのは、福井の教師が成城小の実践に関心を寄せていたと思われます。

②—1　長野県師範学校附属小学校「研究学級」の実践
　1917（大正6）年4月、長野県師範学校附属小学校「研究学級」が創設され、「丙組」・田中嘉忠が担任。翌大正7年4月「研究学級」は26人で、淀川茂重が担任。6年間の総合学習を実践します。1～2年自然探索、3～4年鶏の飼育、そして5～6年長野市の研究という6年間の大プロジェクトです。
　「創設当時の抱負」には次のような格調高いアピールがあります。
　　「教育は行き詰まっている。教科目も教授時間も法によって規制され、教材の選択も分量も　排列も国定教科書によって決定されている。教育はその内容も形式も既に規定されている‥‥児童の教育は、児童にたちかえり児童によって児童のうちに建設されなくてはならない。
　　そとからではない、うちからである。児童のうちから構成されるべきものである。」（信濃教育会出版部編『信州総合学習の源流―淀川茂重「途上」から生活科・総合的な学習へ―』2005年・初版1989年）

②—2　奈良女子高等師範学校附属小学校の実践
　師範学校の附属小学校として、授業の実践と研究を「合科学習（総合学習）」を中心に展開する。1920（大正9）年4月に木下竹次が主事に着任。20年間の実践の中心となる木下は福井県勝山市出身で福井師範学校卒です。「学習は生活から出発して生活によって生活の向上を図るもの」「生活即学習」というアピールをしています。「独自学習と相互学習」「分科学習と合科学習」という学習法を実践しています。

第1部　『窓ぎわのトットちゃん』の現代的意義

③福井県三国尋常高等小学校の「自発教育」実践(現・三国南小学校)

校長・三好得恵の学習構想は、落ちこぼれの子どもたちを救いたいという思いで、「自主学習」時間を毎日1時間設定し、子どもたちが教室(学習室)を選ぶという方法。学習の基本は個人進度学習で一斉授業よりも個人進度を大事にしていた。また、4つの自由(学習題材選択、学習方法建設、学習材料進展、学習資料蒐集の自由)を考えた実践構想です。

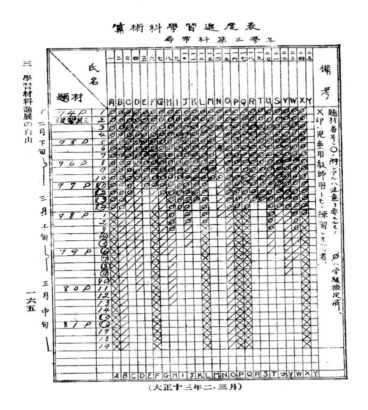

3 おわりに―歴史から学ぶ～子どもの個性を尊重し、主体性・自主性をのばす教育実践

　現在、子どもたちの個性の尊重や自主性・主体性が問われ「生きる力」や本当の「学び」が求められています。また「アクティブ・ラーニング」の重要性が強調されています。近代日本の教育実践の歴史には、豊かな鉱脈（蓄積・財産）があるのではないでしょうか。特に大正・昭和期の実践には現代に通じるテーマ（個性・自主性・主体性・障がい・総合学習等）が存在していると考えられます。改めて、歴史から学び、現代・現在の教育に活かすことが大事ではないかと考えます。

＜第3回＞

1　はじめに

　連載の3回目、最終回です。今回は、私の勤務する開智国際大学（千葉県柏市）での1年生の授業で、『窓ぎわのトットちゃん』をテキストにした授業実践（2023年度前期「教育学概論」7回分）をご紹介したいと思います。実はこの授業は同僚の土屋陽介先生と共同の授業で最初の7回を担当しました。すでに『開智国際大学教職センター研究報告』第5号（2023年10月31日）に「本学における授業実践報告とその省察（その1）―「教育学概論」における学生のアクティブ・ラーニングを求めて―」と題する実践報告を掲載していますので、本稿では、その中から一部を引用しながらご紹介したいと思います。

2　授業の概要と展開

　本授業は、1年生の初等コース（約30名）と中等コース（約40名）の学生を対象とした必修科目「教育学概論」で、水曜日と火曜日にそれぞれ開講した授業です。「授業のテーマ及び到達目標」では、「本授業では、小学校・中学校・高等学校の教員免許の取得を希望する学生を主な対象として、受講生が初等・中等教育の教員として必要な教育史的・教育思想的な観点を身につけることを主要な目的」としていますが、歴史的な基本的知識を講義するのではなく、子どもたちの学びや成長を歴史的にとらえることができる具体的事例に触れることで当時の教育を学生たちに触れさせたいという思いで、黒柳徹子『窓ぎわのトットちゃん』をテキストにすることとしました。この背景には、かなり前に福井大学で学生と一緒に本書を読みあった経験がありました。本書は戦前昭和期に黒柳さんが実際に通った東京の小さな私立学校のトモエ学園での体験が書かれています。黒柳さんは地元の公立小学校では落ち着きがなく困った担任から相談を受けた母親が小学校を自主退学し、なんとか探し当てた学校がトモエ

学園でした。校長の小林宗作は群馬県生まれで地元で教師となり、その後東京の大正新教育の私立学校の教師となり成長していきます。そして、昭和12年に東京の自由が丘に念願のトモエ学園という自由な私立小学校を創設するのです。今の学生は黒柳徹子という人物（芸能人・タレント）はテレビ等で知っていますが、『窓ぎわのトットちゃん』という本はほとんど知らないのではないかと考えました。しかし、授業を始めてからわかったことですが、本書を読んだことがある学生や、本書を知っていたが読んだことはないという学生も若干いたことには驚きました。この本が学生たちにどのように受け止められるのかを心配しましたが、授業が始まるにつれて学生たちの中にこの本が深く浸透していくことがわかりました。すべての学生がトットちゃんの本に共感し、小林宗作校長が理想とする教師像であると絶賛するのです。以下に、7回の授業のうち、本書をテキストにした取組みの3回分をご紹介したいと思います。

＜第1回目＞

　最初に、講義「近代日本の教育実践から学ぶ―子どもの個性を尊重し、自主性・主体性をのばす教育実践―」で、黒柳徹子『窓ぎわのトットちゃん』を紹介しながら近代日本の教育展開を述べました。私はグループ学習を重視していますので、入学したばかりの1年生の学生同士の関係性を重視して自由に4～5人で構成してもらいました。そして、本書を2回に分けてグループで読み合うための役割や分担を行いました。次回の第2回目には本書の前半部分（約150頁）のレポート（要約とコメント）を全員に課し、レポートのコピーを班メンバーとプラス1部（森の分）を準備するように指示しました。

＜第2回目＞

　学生は前半部分について、全員レポートを準備し班メンバー分と私の分のコピーを持参しました。各班では各自のレポートを紹介し合い、一方、私は全員のレポートを読み最後にいくつかのレポートをコメントをつけて紹介しました。

第1部　『窓ぎわのトットちゃん』の現代的意義

学生たちの第一印象のレポートにはトモエ学園に共感する感想が多く書かれていました。

　＜中等コース＞では、①「トットちゃんは題名だけ聞いていてこの作品を読むのは初めてでした。しかし、高校の時担任の先生が『1度読んでみて』と言っていたのを覚えていたので家に帰ってさっそく『窓ぎわのトットちゃん』を読み始めました。（中略）トットちゃんが『自分は悪い子』だと思わないで自信をもって生きていけたのは子供を信じることを最優先にしていた校長先生の存在が大きいんだなと思いました。（中略）私も性別や障害に壁を作らないで、みんなが『やりたい』という気持ちを言葉に出せるクラスを作りたいと思っているので、この作品についてもっと掘り下げ、自分の目標が実現できるよう努力したいです」（女子）。②「私は『窓ぎわのトットちゃん』を読んでトットちゃんという人物像が私が高校時代に通っていた子ども食堂の男の子と重なる部分があり、また、トモエ学園の小林先生のトットちゃんの関わり方から私が将来教員となった時に、ＡＤＨＤのような発達障害をはじめさまざまな子供たちとの接し方を学んだ。（中略）私が高校生の時に通っていた子ども食堂にいた時のことを思い出した。小学3年生の男の子がいた。その男の子はよく話す子でいつも誰かに話しかけていた。そのせいか、同じ世代の子ども達とは距離があり、私たちのような高校生とばかり話していた。（中略）私が将来教員になった時には、生徒に最後まで寄り添い、また、生徒同士でそのようなコミュニケーションができる環境を作りたい」（男子）。

　＜初等コース＞では、①「私はこの本自体を読んだことはがなかったが、この本の存在は知っていた。小学生のころ、担任の先生がクラス全体に勧めていたからだ。私は、小学生のころから小説を読むことが好きだったので、その先生から簡単なあらすじとテレビでよく見かける黒柳徹子さんの実話であると聞いて驚いた。これが、私がこの本を知った経緯である。／そして、巡り合わせで大学生になった今、この本を実際に読むことになり、なぜ先生が当時の私たちに勧めていたのか理解できた。トットちゃんが周りと違うことを誰からも理解

されずに色々な学校をたらい回しされてしまう。今でこそ、LGBTなど多様性を認めることを重点的に考えた政策がたくさんある。しかし、当時はこのような政策や多様性の重要性が、そこまで認知されていなかったのではないか。(中略)トットちゃんは、素晴らしい校長先生に出会い、現在でもあまりない、個性を大切にした理解のある学校に通うことができた。それはすごく幸せなことで、トットちゃんの人生において大きな起点となっている」(女子)。②「『大人は大きく成長した子供に過ぎない』この言葉は、イギリスの詩人ジョン・ドライデンの残したものである。確かに、大人は多くの経験と知識によって培ってきた力があるのは間違いないと思う。しかし、この本では、この言葉が正しいと思わせてくれるほどの子供の強さが感じられた。(中略)この本を読んで、自分の探究心を第一に考える子供にとって、大人はどんなにつまらない人間にみえているのだろうかということも考えさせられた。(中略)この本の校長先生はそれとは正反対なのである。トットちゃん含めた子供の意見や行動を尊重することと同時に、子供たちの信頼も得ている校長先生は、教員を目指している私にとって目指すべき姿だと思った」(男子)。

以上の中等コースと初等コースに学生たちのレポートを読んで、本書が学生の中に大きな影響を与えたこと、及び本書をテキストにしたことが間違いではなかったことを確信しました。また、学生がレポートを紹介し合った各班の討論メモにも共感の議論の様子が分かります。

＜第3回目＞

第3回目は、後半のレポート交流会である。2回目なので、学生も少し慣れてきた感じはありましたが、その中から特に特徴的なレポートを紹介します。①「私が一番好きな話は、244ページの「本当は、いい子なんだよ」です。トットちゃんが、今まで他の人には思いつかない行動を繰り出したり、感じたことをそのまま言葉に出してしまい、なかなかいい子とは言ってもらえないかもしれないけど校長先生だけは怒らないでどんな時もトットちゃんに「君は本当は

いい子なんだよ」と言葉をかけていて、悪い事をした事に肯定をするのではなく悪い事をしたけど、トットちゃん自身が悪い子なわけではないよ、という校長先生のトットちゃんに対する優しい思いが隠れていてすごいな〜と思いました」（中等／女子）。②「前回の途中まで読み、トモエ学園の教育の斬新さ、子供の個性を否定せず必ず認める校長先生、破天荒ながらも常に色々考え友達を大切にするトットちゃん。続きがとても気になった。最後まで読んでいる中で、自分が小学生だったころと比較していたが色々違う教育がありとても面白かった。（中略）あとがきには、小林先生の教育方針である『どんな子も、生まれたときには、いい性質を持っている。それが大きくなる間に、色々な周りの環境とか、大人たちの影響で、スポイルされてしまう。だから、早く、この『いい性質』を見つけて、それを伸ばしていき、個性のある人間にしていこう』これにすべて詰まっていると思う。（中略）今の時代、コロナも収まり、中高生の部活もなくなり、自由の時間が増えていると思う。そうした中で黒柳徹子さんがトットちゃんを書いた理由でもある『中学校の卒業式に生徒の暴動を防ぐために警察が入る』がまた起こると思う。そうならないためにも、自殺が多く発生したり非行に走る子供を減らすために、子供自身が希望を見捨てず、自信をもって明るい未来を過ごせるように考えていかないといけないと思う」（初等／男子）。

＜授業の最終課題レポート＞

7回の授業の最終課題レポートは次のような内容としました。①『窓ぎわのトットちゃん』から学んだこと、②その他の大正新教育の資料（千葉県と自分で選択した資料2点）から学んだこと、他の資料の報告を聞いて学んだこと、教員採用試験参考書から学んだこと。③NHK「英雄たちの選択」を見て考えたこと。④最後に、全体として、この授業を受けて考えたこと・発見したことなど自由に。この課題レポートはA4サイズで3枚以上。提出締め切りは中等コースは6月13日（火）、初等コースは6月14日（水）、森研究室まで（図書館の2階、3201）としました。学生たちは自分自身の半年間の学びをふりかえり、内

容深いレポートを書いてくれました。1例だけご紹介します。「この授業を通して今後の教育を変えていくカギは、変えることを恐れずに社会が変わっていく必要があることだと考えた。今期待されている新しい教育方法は、授業を受ける前は、歴史上にない全くの新しいことなのだと考えていた。だからなかなか進まず、教育者たちが頭を悩ませているのだと思っていた。しかし、新しい教育というのは一度100年前に行われていた。100年も前にできていたことがすべてものが進んだ現代でなぜ困難とされているのか（中略）これから教育者を目指していくが、知識をつけさせることが大切なのではなく、子どもの興味、関心を深める手助けが子どもを思う教育者だと気づくことができた（中略）いろいろな資料を読み、グループの中で話し合うと自分の考えと全く同じだったり、逆に違った意見を持っていたりして、一人では考えつかないことも見つけ出すことができた。グループワークならではの発見も多く、子どもたちが考えを人と話すことがどれだけ考えを深められるのかを身をもって痛感した。この授業で全くの新しいことに触れ、考えを深めることができた」（中等／女子）

この女子学生のレポートは、自分自身の学びを振り返る深い省察であると考えます。

3　授業のまとめと省察

今まで多くの学生たちのレポートを紹介してきましたが、学生にとっての授業の意味、及び筆者にとっての授業の意味は、以下のように総括できると考えます。

① 日本の教育史、教育思想史の歴史の中で、「大正新教育」の持つ意味を学生は主体的に考えられたのではないでしょうか。『窓ぎわのトットちゃん』は昭和期のトモエ学園の実践ですが、小林宗作校長は大正新教育から大きな影響を受けている教師です。子どもの個性や興味・関心を大事にし、それを尊重して教育を行った大正・昭和期の教師達、それを受けて育っ

た子どもたち。黒柳徹子もその一人でした。「君は本当はいい子なんだよ」という小林校長の暖かい言葉はどれだけ黒柳徹子を支えたでしょうか。一人の人間の人生を支える、変える、「教育」という営みを考えさせる事例だと思います。これらのトモエ学園と小林校長の教育の思想を、学生たちは自身の教育体験を振り返り関係づけていたと考えられます。学生たちは、黒柳徹子の自伝的小説である『窓ぎわのトットちゃん』と出会い、自らの教育観を根本から見直したのではないでしょうか。アクティブラーニングという学びが現在注目されていますが、その源流ともいえる大正新教育の「学び」を改めて考え、現代に通じる意味を確認したのではないでしょうか。そして、それを実現すべき教師像を描いたと考えられます。自分が目指すべき教育像をトモエ学園に見いだしたのではないかと考えられます。

② 筆者にとっての本授業の意味も考えました。2023年4月に本学に着任し、1年生対象の2つの授業を担当し、その授業実践をこのような形でまとめることができたこと。福井大学で30年間、福井医療大学で5年間、多くの授業実践を行ってきましたが、2023年4月から本学でまた学生たちと出会える喜びを味わいました。歴史研究と現代教育の研究を串刺しにする研究課題が、本授業に取り組む中で新たに生まれたように考えています。拙著（2000）『教育の歴史的展開と現代教育の課題を考える―追究―コミュニケーションの軸から―』（三恵社）を踏まえた、新たな続編の準備に向けて努力したいと考えています。

1年生の学生たちが初めての大学の専門授業と出会い、その中で、受け身ではなく、主体的にグループで闊達なコミュニケーションを行い、アクティブラーニングを実行したと考えています。学生たちの思いは、本論で紹介した多くの学生たちのレポートから読み取っていただければと考

えます。学生たちにとってこの授業が将来の教師像になんらかの意味をもつことを期待したいと思いますし、また、筆者にとっては久しぶりの大学の授業であり、それも1年生の学生たちと出会えて一緒に教育について考えることが出来たことに、深く感謝したいと考えています。

3 開智国際大学における授業実践
―「窓ぎわのトットちゃん」を題材として―

1 はじめに(1)

　筆者は本稿（その1）として「教育学概論」の授業実践報告とその省察を行い、（その2）として「教職論」の授業実践報告とその省察を行う。「教育学概論」は土屋陽介先生との共同授業であり、前半7回を筆者が担当した。学生の登録人数は、中等コースは1年生26名、2年生以上が4名、合計30名、初等コースは1年生32名、2年生以上2名、合計34名。登録はしたが授業に出席しなかった学生が若干いたので、最終的に中等コースは1年生25名、2年生以上4名の合計29名、初等コースは1年生32名である。

　なお、本稿作成にあたって、受講学生には授業の中で、2つの授業実践を大学の紀要や研究報告に掲載することを話し多くの学生レポートを引用しているが、個人が特定されることはないことを了解していただいていることを述べておきたい(2)。

2 授業「教育学概論」の授業展開

　本授業は前述したように土屋先生との共同授業であり、前半の7回を森、後半の8回を土屋先生が担当した。授業日は中等コースが火曜日の5時限目、初等コースが水曜日の3時限目であった。シラバスの「授業のテーマ及び到達目標」では、「本授業では、小学校・中学校・高等学校の教員免許の取得を希望する学生を主な対象として、受講生が初等・中等教育の教員として必要な教育史的・教育思想的な観点を身につけることを主要な目的とする。」とし以下の3点をあげている。(1) 教育の理念・歴史・思想に関する基本的な知識を理解できるようになる。(2) 教育の本質に関わる問題について、歴史的・思想的な観点

を踏まえて論理的に思考した上で、自らの考えを文章や発言を通して明快に表現できるようになる。(3) 現実の教育現場で生じる様々な問題を、原理的な次元に立ち返って考察する姿勢や態度が身につく。

　以上がシラバスの概要であるが、授業では歴史的な基本的知識を講義するのではなく、子どもたちの学びや成長を歴史的にとらえることができる具体的事例に触れさせたいという意図で、黒柳徹子『窓ぎわのトットちゃん』をテキストにすることとした[3]。本書には戦前昭和期に黒柳さんが実際に通った東京の小さな私立学校のトモエ学園での体験が書かれている。黒柳さんは地元の公立小学校では落ち着きがなく困った担任から相談を受けた母親が小学校を自主退学し、なんとか探し当てた学校がトモエ学園であった。校長の小林宗作は群馬県生まれで地元で教師となり、その後東京の大正新教育の私立学校の教師となり成長していく。そして、昭和12年に念願のトモエ学園という自由な私立小学校を創設するのである。今の学生は黒柳徹子という人物（芸能人・タレント）はテレビ等で知っているが、『窓ぎわのトットちゃん』という本はほとんど知らないのではないかと考えた。しかし授業を始めてからわかったことであるが、本書を読んだことがある学生や、本書を知っていたが読んだことはないという学生も若干いた。最初はこの本が学生たちにどのように受け止められるのかを心配したが、授業が始まるにつれて学生たちの中にこの本が深く浸透していくことがわかった。すべての学生がトットちゃんの本に感動し、特に小林宗作校長が理想とする教師像であると絶賛するのである。それでは以下に授業の展開を述べていきたい。

第1回目

　講義「近代日本の教育実践から学ぶ―子どもの個性を尊重し、自主性・主体性をのばす教育実践―」で、黒柳徹子『窓ぎわのトットちゃん』を紹介しながら近代日本の教育展開を述べた。グループは学生同士の関係性を重視して自由に4〜5人で構成してもらい、本書を2回に分けてグループで読み合うための役割

や分担を行った。次回の第2回目には本書の前半部分（約150頁）のレポート（要約とコメント）を全員に課し、レポートのコピーを班メンバーとプラス1部（森）を準備するように指示した。

第2回目

　学生は全員レポートを準備し班メンバー分と私の分のコピーを持参した。各班では各自のレポートを紹介し合い、一方、私は全員のレポートを読み最後にいくつかのレポートをコメントをつけて紹介した。学生たちの第一印象あふれるレポートにはトモエ学園に共感する感想が書かれていた。

　＜中等コース＞では、①「トットちゃんは題名だけ聞いていてこの作品を読むのは初めてでした。しかし、高校の時担任の先生が『1度読んでみて』と言っていたのを覚えていたので家に帰ってさっそく『窓ぎわのトットちゃん』を読み始めました。（中略）トットちゃんが『自分は悪い子』だと思わないで自信をもって生きていけたのは子供を信じることを最優先にしていた校長先生の存在が大きいんだなと思いました。（中略）私も性別や障害に壁を作らないで、みんなが『やりたい』という気持ちを言葉に出せるクラスを作りたいと思っているので、この作品についてもっと掘り下げ、自分の目標が実現できるよう努力したいです」（女子）。②「私は『窓ぎわのトットちゃん』を読んでトットちゃんという人物像が私が高校時代に通っていた子ども食堂の男の子と重なる部分があり、また、トモエ学園の小林先生のトットちゃんの関わり方から私が将来教員となった時に、ＡＤＨＤのような発達障害をはじめさまざまな子供たちとの接し方を学んだ。（中略）私が高校生の時に通っていた子ども食堂にいた時のことを思い出した。小学3年生の男の子がいた。その男の子はよく話す子でいつも誰かに話しかけていた。そのせいか、同じ世代の子ども達とは距離があり、私たちのような高校生とばかり話していた。（中略）私が将来教員になった時には、生徒に最後まで寄り添い、また、生徒同士でそのようなコミュニケーションができる環境を作りたい」（男子）。

<初等コース>では、①「私はこの本自体を読んだことはがなかったが、この本の存在は知っていた。小学生のころ、担任の先生がクラス全体に勧めていたからだ。私は、小学生のころから小説を読むことが好きだったので、その先生から簡単なあらすじとテレビでよく見かける黒柳徹子さんの実話であると聞いて驚いた。これが、私がこの本を知った経緯である。／そして、巡り合わせで大学生になった今、この本を実際に読むことになり、なぜ先生が当時の私たちに勧めていたのか理解できた。トットちゃんが周りと違うことを誰からも理解されずに色々な学校をたらい回しされてしまう。今でこそ、LGBTなど多様性を認めることを重点的に考えた政策がたくさんある。しかし、当時はこのような政策や多様性の重要性が、そこまで認知されていなかったのではないか。(中略)トットちゃんは、素晴らしい校長先生に出会い、現在でもあまりない、個性を大切にした理解のある学校に通うことができた。それはすごく幸せなことで、トットちゃんの人生において大きな起点となっている」(女子)。②「『大人は大きく成長した子供に過ぎない』この言葉は、イギリスの詩人ジョン・ドライデンの残したものである。確かに、大人は多くの経験と知識によって培ってきた力があるのは間違いないと思う。しかし、この本では、この言葉が正しいと思わせてくれるほどの子供の強さが感じられた。(中略)この本を読んで、自分の探究心を第一に考える子供にとって、大人はどんなにつまらない人間にみえているのだろうかということも考えさせられた。(中略)この本の校長先生はそれとは正反対なのである。トットちゃん含めた子供の意見や行動を尊重することと同時に、子供たちの信頼も得ている校長先生は、教員を目指している私にとって目指すべき姿だと思った」(男子)。

　以上の中等コースと初等コースに学生たちのレポートを読んで、本書が学生の中に大きな影響を与えたこと、及び本書をテキストにしたことが間違いではなかったことを確信した。また、学生がレポートを紹介し合った各班の討論メモにも共感の議論の様子が分かる。

第1部　『窓ぎわのトットちゃん』の現代的意義

第3回目

　第3回目は、『窓ぎわのトットちゃん』の後半のレポート交流会である。2回目なので、学生も少し慣れてきた感じはあるが、その中から特に特徴的なレポートを紹介する。①「私が一番好きな話は、244ページの「本当は、いい子なんだよ」です。トットちゃんが、今まで他の人には思いつかない行動を繰り出したり、感じたことをそのまま言葉に出してしまい、なかなかいい子とは言ってもらえないかもしれないけど校長先生だけは怒らないでどんな時もトットちゃんに「君は本当はいい子なんだよ」と言葉をかけていて、悪い事をした事に肯定をするのではなく悪い事をしたけど、トットちゃん自身が悪い子なわけではないよ、という校長先生のトットちゃんに対する優しい思いが隠れていてすごいな〜と思いました」（中等／女子）。②「前回の途中まで読み、トモエ学園の教育の斬新さ、子供の個性を否定せず必ず認める校長先生、破天荒ながらも常に色々考え友達を大切にするトットちゃん。続きがとても気になった。最後まで読んでいる中で、自分が小学生だったころと比較していたが色々違う教育がありとても面白かった。（中略）あとがきには、小林先生の教育方針である『どんな子も、生まれたときには、いい性質を持っている。それが大きくなる間に、色々な周りの環境とか、大人たちの影響で、スポイルされてしまう。だから、早く、この『いい性質』を見つけて、それを伸ばしていき、個性のある人間にしていこう』これにすべて詰まっていると思う。（中略）今の時代、コロナも収まり、中高生の部活もなくなり、自由の時間が増えていると思う。そうした中で黒柳徹子さんがトットちゃんを書いた理由でもある『中学校の卒業式に生徒の暴動を防ぐために警察が入る』がまた起こると思う。そうならないためにも、自殺が多く発生したり非行に走る子供を減らすために、子供自身が希望を見捨てず、自信をもって明るい未来を過ごせるように考えていかないといけないと思う」（初等／男子）。

第4回目

　第4回目の授業で、筆者はパワーポイントで講義「総合学習の歴史」を解説し大正新教育の全国的な展開を示した。その講義の中で、以下の8点の実践資料の紹介を行った。

① 　黒柳徹子「小林宗作校長先生」（黒柳徹子『窓ぎわのトットちゃん』講談社、1981年）＜『日本の教師』第16巻・心に残る教師たち、ぎょうせい、1994年＞

② 　千葉県（小原國芳『日本新教育百年史』第四巻・関東、玉川大学出版部、1969年）

③ 　樋口勘次郎「遠足」（樋口勘次郎『統合主義新教授法』同文館、1899年）＜『日本の教師』第7巻・Ⅲ合科・総合学習、ぎょうせい、1993年＞

④ 　及川平治「動的教育学と題材論」（『兵庫教育』第306号、兵庫教育雑誌社、1915年）＜『日本の教師』第9巻・カリキュラムをつくるⅡ　教室での試み、ぎょうせい、1993年＞

⑤ 　淀川茂重「六年を顧みて」（淀川茂重『途上―研究学級の経過』信濃教育会出版部、1947年）＜『日本の教師』第7巻・Ⅲ合科・総合学習、ぎょうせい、1993年＞

⑥ 　＜成城小学校＞渡辺熙一ほか「高学年学習案とその実際（ダルトン案教育）」（沢柳政太郎『現代教育の警鐘』民友社、1927年）＜『日本の教師』第5巻・授業をつくる　Ⅰ戦前、ぎょうせい、1993年＞

⑦ 　＜奈良女子高等師範学校附属小＞河野伊三郎「合科組織による学習の実際」（『日本の教師』第7巻・Ⅲ合科・総合学習、ぎょうせい、1993年）

⑧ 　＜奈良女子高等師範学校附属小＞清水甚吾「児童数学と独自学習」（『日本の　教師』第5巻・Ⅰ戦前、ぎょうせい、1993年）

　学生たちには8点の資料のうち①と②は全員配布し②は次回に向けてレポート作成すること、③から⑧までの資料の中から1人2点を自由に選択するように指示した。各班で相談して③から⑧までの資料をすべて紹介できるように役

割分担をしてもらった。

第5回目と第6回目

　第5回と第6回の2回では、学生たちは自分が選択した資料をグループで紹介しあった。資料は基本的に大正期の資料であり学生にとっては少し難解な内容であったが、学生たちは自分にとって理解ができる内容や感銘を受けた内容を中心にしてレポートを作成し、コピーを班メンバープラス1部（森の分）持参した。

　＜中等コース＞では①千葉県の教育史料について、「はじめに紹介されている片岡小五郎の教育に惹かれた。『昔ながらの方法で文化財を詰め込むことは教育とは言わない。価値の統制の仕方を自身で構成するのが真の教育である』とあり、児童自身が学びたいことを自分で見つけ、児童同士で討論をすることに意味があると考えられる。（中略）考えてみると、現在の教育で言われていることもほとんどがこの資料で言われており、教育法の基盤を崩し、良いものを広めることの難しさを痛感した」（女子）。②「当時の教師は経済的に恵まれていないにも関わらず夢を持ち、新教育を実践しようという心構えは素晴らしいものだと思った。利益よりも先に新たな教育方法についていこうとするのは、今までの教育スタイルを変える必要があるし、そのためにも講習会などに参加するためにも薄給の中でやりくりしないといけない、とても厳しい決断だったのでは？と思った。（中略）だからこそ教師は手助けできる力を持っていなければいけない、いろんな生徒に見合った手助けをしなければならない、アドリブ力ある教師にならないとダメだとわかった。（中略）今では当たり前のように受けている授業は、彼ら達のおかげで成り立っていたということがわかった。大きく歴史が動く中で、新教育になんとかついていけた教師は凄い人だなと改めて思わされた」（男子）。③「近年でも教育において個人最適化の話題がよく挙がるが、少し前の時代から、個人の能力に従って個人差を認める教育は必要だと考えられていたことに驚いた。学習とは自らの力で堀探って考えるということは

もちろんだが、様々な性格や能力をもつ子ども達に対して、一様な対応では十分な教育活動はできないと私も思った。相談しにくる子どもと来ない子ども、学習進度の大きな差、教員はある一定の基準を設けて教育をするのではなく、一人ひとりに適した接し方をするべきだし、そのためには観察力、分析力が求められるのだろうと考える」（女子）。

　＜初等コース＞では、①「大正時代は、日本が近代化を遂げる時代であり、教育も新しい方向性を模索していました。私は、大正時代における新教育の導入や教育改革が、社会の変革に対応するための重要な一環であったと感じました。／（中略）例えば、山田耕筰や野口英世など、教育者以外の分野で活躍した人物たちが、教育現場に新しいアイデアや視点をもたらしました。また、ドイツやアメリカなどの教育システムの影響を受け、新しい学校の形態や教育方法が導入されたことも紹介されています。（中略）従来の教育では集団指導や規律重視が主流でしたが、新教育の導入によって、生徒たちの個々の能力や特性を重視し、自主的な学びを促す取り組みが行われました」（女子）、②「私は、教員になるにあたって教育の歴史の重要性をあまり理解していなかった。しかし、この資料を読んで、その考えが払拭された。／一つ目に、時代の流れにとらわれない教育の姿を見ることができたからである。子供の自由を尊重する教育こそがあるべき教育だという、時代とは逆行した考えを持つ心意気に感動した。また、今の教育にもそういった子供の自由を考えた教育法を採用していくべきであると思った。（中略）私が教師になるために必要だと思うことは「子供たちを一番に考えること」である。一見すると当たり前に思える内容だが、その当たり前が一番大切なのだ。この考えを持つことができたのは、この資料で歴史を知ったおかげであると思う」（男子）、③「新教育は従来の教育に対して大きな変革をもたらしたことは評価できると考える。個性や自己表現を重視するこの姿勢は、現代の教育でも重要視されている価値観であり、新教育の考え方が現在の教育にも影響を与えている事は確かである。／しかし、新教育には批判があるとも考えられる。実用性を重要視する傾向があったため、従来の学問的

第1部　『窓ぎわのトットちゃん』の現代的意義

な知識が軽視されていると感じる。また、個性重視のため、学習内容が希薄になり、基礎学力の低下や社会に適応できない人材の増加が問題となっているのではないか」（女子）。

第7回目

　最後の第7回は、今までの6回の授業を振り返り、何を学んできたのかを省察した。そしてNHKビデオ「英雄たちの選択」＜100年前の教育改革―大正新教育の挑戦と挫折＞（2021年5月5日放映／1時間）を視聴し、感想用紙には以下の2点を書いてもらった。

1　NHK「英雄たちの選択」＜100年前の教育改革―大正新教育の挑戦と挫折＞（2021年5月5日放映／1時間）の感想　／2　今までの授業7回を振り返り大事だと考えたことや発見したことなど自由に書いてください。以下に感想をいくつか紹介する。

　＜中等コース＞①「現代で教育を変えようとしているまさにそのことを、100年も前の大正時代から行われていたことに驚いた。芸術を教育の中に取り入れて、本物に触れ、個人の感覚を伸ばしていく教育方法がとても印象に残った。すべての事柄を教科書や机で行う、教育するのではなく、実際に体験して自分から問題を見つけて解決していくようになっていることに感心した。大正時代の教育法は現代の新しい教育の先駆けだった。（中略）トットちゃんから今回の鑑賞を通して、教育に必要なことは子どもたちが自分から学ぶためのきっかけをつくることだと思う。今の教育は「教える」ことがメインのことが多いが、大正時代の教育改革や、今後の教育に求められているのは「学ぶ場をつくる」ことだと思う」（女子）。②「個性を尊重すると、受験で破れ、詰め込みをすると個性を制限される。個性と勉強を上手く結ぶためにはどうすればいいのかを考える教師は、これからの教育革命に中心となって動いてほしい。／教師として、生徒にどう教えるのが正解なのか、どうやったら生徒は教師についていくのか、両者の関係をトモエ学園、動的教育などで探ろうとし、そのやり方のよかった

面は現代でも受けつがれていると考えると、「教育」が適当にならず、変えていこうとしてきた人達のありがたみ、偉大さが伝わりました」（男子）。③「及川氏の教育法が、現在のアクティブラーニング教育であること、与謝野晶子が作った学校があり、そこでは当時として型破りな授業が行われていたこと（ダンスの導入や制服の廃止等）等、教育改革には色々な試練があり、それを乗りこえてきた先人がいることを、改めて実感することができた。／現在の教育に至るまでの先人達の苦労や苦難を垣間見ることができた。また、いつの時代も「教育」には常に変化が求められ、それらに対応すべく、当時としては大胆な教育方法を生みだし実践してきた教育者に対して、深い尊敬の念をいだいた」（男子）。

　＜初等コース＞①「トットちゃんの話を読んで、トモエ学園の校長先生みたいな教師になりたいと思った。私は小学生の時、理不尽な理由で怒られたり、私の意見をしっかり聞いてくれなかったことが多々あった。しかし、トモエ学園の校長先生は、悪いことをしてしまっても、どうしてこのようなことをしてしまったのか、子供の主張をしっかりと聞き、単に怒るのではなく、一緒に解決しようとしていたので、私もこのような先生になりたいと思った」（女子）。②「大正新教育の子どもの自由ほど子ども自身を伸ばすものはないのではないかと思う。特に及川の動的な教育は自分が教育に携わったときの「教える」ためのヒントになると思った。戦時中の時代の流れに逆らう力のある教育方針を私もこれから取り入れたいと思った。／現在のアクティブラーニングに通じる教育の歴史の深さや多様性を見て、自分が教師になった時に参考にしたいと思った。また、子どもたちの自由を一緒になって考えることがなによりも大切なことだと思い、これから学習していこうと思った」（男子）。③「「窓ぎわのトットちゃん」は知っていたが読む機会が無かったので、この授業を通して読むことができて良かった。考えさせられる事ばかりで自分が教員になった際、現実的には厳しいかもしれないが、小林校長先生のような教育をしたいと思った。千葉県の歴史では知っている地名や人物が多く誇れるなと感じた。4年の先輩が教採に向けて勉強をしている姿を見たことがある。大学生活はあっという間

に終わると思うので、積極的にボランティアに参加し知識を身につけたい」（女子）。

個人最終課題レポート

「個人最終課題レポート」は以下の内容で学生に提示した。①『窓ぎわのトットちゃん』から学んだこと、②その他の大正新教育の資料（千葉県と自分で選択した資料2点）から学んだこと、他の資料の報告を聞いて学んだこと、教員採用試験参考書から学んだこと。③NHK「英雄たちの選択」を見て考えたこと。④最後に、全体として、この授業を受けて考えたこと・発見したことなど自由に。→A4サイズで3枚以上。提出締め切りは中等コースは6月13日（火）、初等コースは6月14日（水）、森研究室まで（図書館の2階、3201）。

3　授業「教育学概論」の省察

今まで多くの学生たちのレポートを紹介してきたが、学生にとっての授業の意味、及び筆者にとっての授業の意味は、以下のように総括できると考える。

①　日本の教育史、教育思想史の歴史の中で、「大正新教育」の持つ意味を学生は主体的に考えられたのではないか。『窓ぎわのトットちゃん』は昭和期のトモエ学園の実践であるが、小林宗作校長は大正新教育から大きな影響を受けている教師である。子どもの個性や興味・関心を大事にし、それを尊重して教育を行った大正・昭和期の教師達、それを受けて育った子どもたち。黒柳徹子もその一人であった。「君は本当はいい子なんだよ」という小林校長の暖かい言葉はどれだけ黒柳徹子を支えたか。一人の人間の人生を支える、変える、「教育」という営みを考えさせる事例である。これらのトモエ学園と小林校長の教育の思想を、学生たちは自身の教育体験を振り返り関係づけていたと考えられる。学生たちは、黒柳徹子の自伝的小説である『窓ぎわのトットちゃん』と出会い、自らの教育観を根本から見直したのではないか。アクティブラーニングという学

びが現在注目されているが、その源流ともいえる大正新教育の「学び」を改めて考え、現代に通じる意味を確認したのではないか。そして、それを実現すべき教師像を描いたと考えられる。自分が目指すべき教育像をトモエ学園に見いだしたのではないかと考えられる。

② 筆者にとっての本授業の意味を考えたい。4月に本学に着任し、1年生対象の2つの授業を担当し、その授業実践をこのような形でまとめることができたことに深く感謝したい。初めての出会いである1年生の学生たちに深く感謝するとともに、授業を共同で担当させていただいた土屋陽介先生にも深く感謝したい。福井大学で30年間、福井医療大学で5年間、多くの授業実践を行ってきたが、この4月から本学でまた学生たちと出会える喜びを味わっている。歴史研究と現代教育の研究を串刺しにする研究課題が、本授業に取り組む中で新たに生まれたように考えている。拙著（2000）『教育の歴史的展開と現代教育の課題を考える―追究―コミュニケーションの軸から―』（三恵社）を踏まえた、新たな続編の準備に向けて努力したいと考えている。

4　おわりに

　1年生の学生たちが初めての大学の専門授業と出会い、その中で、受け身ではなく、主体的にグループで闊達なコミュニケーションを行い、アクティブラーニングを実行したと考えている。学生たちの思いは、本論で紹介した多くの学生たちのレポートから読み取っていただければと考える。学生たちにとってこの2つの授業が将来の教師像になんらかの意味をもつことを期待したい。また、筆者にとっては久しぶりの大学の授業であり、それも1年生の学生たちと出会えて一緒に教育について考えることが出来たことに、深く感謝したい。

第 1 部　『窓ぎわのトットちゃん』の現代的意義

＜注記＞

（1）筆者は別稿「大学における授業実践の展開とその省察―「教育学概論」と「教職論」を事例として―」を『開智国際大学紀要』第 23 号（2024）に投稿している。査読により掲載可となれば、2024 年 2 月に本学の HP で公開される予定である。別稿は字数制限があるので、本稿の（その 1）と（その 2）でさらに詳しく実践報告を行い、学生たちのレポートをできるだけ引用し学生のアクティブラーニングの実際を明らかにしたいと考えている。

（2）筆者は 2020 年 5 月に『教育の歴史的展開と現代教育の課題を考える―追究―コミュニケーションの軸から―』（三恵社）を出版したが、その中で福井大学退職後の福井医療大学における養護教諭養成の授業実践を報告している。

（3）黒柳徹子『窓ぎわのトットちゃん』（講談社）は初版が 1981 年、その後「改訂版」が 2008 年、「新組版」が 2015 年。初版のあとがきの最後に「1981 年―中学の卒業式に、先生に暴力をふるう子がいるといけないということで、警察官が学校に入る、というニュースのあった日」とある。本書はベストセラーになり世界各国で翻訳されている。

＜追記／注記（1）にあるように、別稿「大学における授業実践の展開とその省察―「教育学概論」と「教職論」を事例として―」が『開智国際大学紀要』第 23 号（2024）に掲載され、本学の HP で公開されていることをご報告する。2025 年 1 月 26 日＞

4 トモエ学園の教育実践における歴史的位置
―教育実践史研究ノート―

はじめに

　筆者は前稿（「教育実践史研究ノート(1)―成城小学校の授業研究を事例に―」2004）[1] 中において、「近代日本100余年の歴史の中で、今、教育が、学校が問われている」として、「日本の教師たちによる黒板・チョークによる一方向の一斉指導は、近代日本の教授定型の結果であり、100余年を過ぎた今でも、依然として支配的な構図である」と述べた。確かに、今の学校ではグループ学習や個別指導、「総合的な学習」や生活科などでの子ども主体の学習など、いろいろと工夫はなされてきている。しかしながら、それらを担っている教師の意識構造が転換するのはなかなか難しい現実がある。近代百年の歴史において、小学校・中学校の授業が教師の一方的な教授定型の歴史であったという指摘（稲垣忠彦）[2] は今でも生き続けている。実は、小・中学校よりも大学という教育の現場でも全く同じことがいえる。大学という高等教育の機関は、戦前は一部のエリートしか入学できなかったが、戦後は大衆化し、同世代の約半数が高等教育機関に入学している現実となってきている。

　ところで、筆者が「教育現場」というとき、筆者の勤務している大学も教育の場であり、「教育現場」ととらえている。従って、筆者にとっては、在学する子ども・青年たちの年齢層は異なるが、小・中学校と大学とは同じ教育の「現場」として考える対象である。

　大学の授業は歴史的に講義中心で、教育よりも研究に重点がおかれ、研究の成果の一端が教育の場に紹介されるという構図が一般的であった。戦後、大学が大衆化され、多くの青年たちが大学に入学することにより、従来の講義中心の方法がなかなか通用しない、学生の意欲的な参加が少ないなど、学生の「質」

が変わったと、嘆く大学教員が多くなった。確かに、戦前のように一部エリート層だけが入学した大学から、大衆化されて多くの青年たちが大学という高等教育機関に入学する機会を得られることは望ましいことである。それによって、大学教育のあり方が問われることは、ある意味で必然的であろう。入学する青年たちにどのような教育をするのか、学部4年間でどのような学びをしてほしいのか。今まで、このようなことを考える必要はなかったが、改めて「大学とは何か」を考える機会を与えられたと積極的にとらえる必要があると筆者は考える。FD(Faculty Development)という活動が全国の大学で熱心に取り組まれている。「教授開発能力」と訳されるが、大学教員や職員の教育活動や事務能力の開発が課題とされている。学生たちにとってどのような教育が望ましいのか、双方向の講義や演習、学生たちの主体的な学びや探究的な活動をいかに授業に組み込んでいくのか、を考える時代となってきている。

かなり広い課題に言及してきたが、小学校・中学校だけではなく、大学も含めて、双方向の教育のあり方、コミュニケーションを丁寧に編んでいく授業のあり方が、今こそ問われている。このテーマは、近代日本の教育の歩みを省察し、それを踏まえて21世紀の教育をいかに展望するのか、という問いを考えることになるだろう。

本稿では、第1に、教育の歴史研究、教育実践の歴史的アプローチの意味・方法論を吟味すること、第2に、具体的な事例研究として、黒柳徹子著『窓ぎわのトットちゃん』で著名なトモエ学園を取り上げて考えてみたい。

1　教育実践史研究の研究方法論的吟味

以下の論考では、教育学者であり現代の教育実践にも造詣が深い佐藤学の所論に関わって、教育実践史研究の方法論的意味を考えてみたい。佐藤は、研究者でもあり、かつ「現場」の教師と協働して学校づくりを行っている実践的研究者といえる。氏は、毎年8月に開催される熱海での「教育のアクションリサーチ研究会」の代表でもあり、教育実践に関わる研究者と現場教師の橋渡し役

も務めている。

さて、佐藤は「教育実践の反省的批評の方法として─私の教育史研究─」(1992)[3]という文章の冒頭で、「二足の草鞋をはき、授業の臨床研究とカリキュラム改造史の研究を進めてきた」と述べている。筆者も自らの現在の研究関心をおこがましくも、臨床教育学と教育実践史の2つにおいている（拙稿「福井大学の学部・大学院の実践的・臨床的取組みと教育学研究の再構築」2005)[4]。佐藤は「当惑や混乱や逡巡を覚悟のうえでいくつもの草鞋をはいてきたのだが、滑らかに前進するよりも足がもつれて転倒し、自分の足を解きほぐす時のほうが多かった」と述べている。筆者は大学院時代の研究テーマである「自由民権運動と教育」という宿題が未だ果たせていないが、福井大学に赴任して以来、大正・昭和期の教育実践を対象にし、いくつかの具体的な教育実践に出会う過程で、改めて、歴史上の実践と現在の教育実践の関係性や教育研究・教育学研究の意味を考えることができた。佐藤のいう「反省的ムカデ」まではとても及ばないが、筆者は遅々とした歩みの中で、福井県三国尋常高等小学校の「自発教育」研究(1994)、長野県師範学校附属小学校の「研究学級」研究(1995)、奈良女子高等師範学校附属小学校の総合学習研究(1999)などの実践史研究を蓄積することができた[5]。

佐藤は、「どんな問題も、一度、歴史の位相の中に投げ込まないと、探究すべき論題が浮かび上がってこないし、その問題解決の筋道や意味が見えてこない」という。現在の教育課題を意識するとき、その現在を対象化し、近代百余年の歴史の中にその教育課題を据えること─そこから見えてくる世界を自覚し認識し構造的に把握すること。これが歴史的アプローチの方法的意味であろう。

しかし、佐藤は歴史研究の限界を次のように述べる。筆者はこの佐藤の見解に共感する部分もあるが、必ずしも納得できていない。

「あえて言えば、歴史的接近は、実践上の問題を直接には解決しない。この自覚は、実践史研究に携わる者には重要である。それは、文字どおり、ミネルヴァの梟でしかない。さらに言えば、教育現場の問題の複合性や実践者の複雑な

行動や感情に精通しない歴史的接近は、ただの梟の夜行でしかない。(中略) しかし、歴史的接近はどれほどの資料を駆使し思索を洗練させようとも、問題のマクロな布置を一般性において示唆するにすぎない。実践的問題の解決を具体的に求める段になると、決定的なところで、隔靴掻痒の思いを断じきれない」

　筆者が納得できていないところは次の点である。歴史的接近は「問題のマクロな布置を一般性において示唆するにすぎない」というが、三国の自発教育や長野師範学校附属小の「研究学級」の実践事例などからは、教師と子どもの関係性の構造や時間や空間の制約を超えた長期にわたる実践の構造を把握することができる。この構造的把握は、現在の教育課題の問題性に鋭く迫るものであり、「隔靴掻痒の思い」とは異質ではないか。筆者が今日の教育実践に関わるとき、三国小の三好得恵校長、「研究学級」の淀川茂重、そして以下に登場するトモエ学園の小林宗作校長などのように、子どもたちへの暖かい視線をもてるかどうかを常に問い直しながら実践している部分もある。小林校長のように、どんな子どもたちへも「きみは本当はいい子なんだよ」という熱いメッセージをどれだけ送れるか、厳しく問いながら実践しているつもりである。私的な事柄になるが、筆者は2006年4月から福井大学教育地域科学部附属幼稚園の園長としての役目を果しているが、トモエ学園の小林校長（成城幼稚園教諭時代から幼児教育には深い造詣をもっていたという）から多くのものを学ぶ必要があると痛感している。これら歴史上の実践家と現代の実践家との対話の中から、歴史的アプローチの意味を改めて問い直すことが必要ではないかと考える。従って、佐藤の指摘することは理解できるが、歴史から学ぶことの意味を再度考えてみたいと思う。

　さて、佐藤学は別の論稿「教育実践の歴史的研究」（2005）[6]で、歴史的アプローチ、史料と方法、歴史的経験の分析と叙述、課題と展望、の4点について述べている。冒頭で佐藤は、「教育実践（授業と学び）は歴史的性格を帯びている。教師も子どももそれぞれの歴史を生きており、教科書や教材も歴史性を含んでいる。教室における黒板や机の配置も歴史性をもっているし、カリキュラ

ムの構造や授業と学びの様式も歴史の産物である。」

　佐藤は続けて、「教育実践の歴史的研究の蓄積は、現在は停滞期にあるとはいえ、日本の教育学研究の誇るべき成果のひとつといえるだろう。」という。現在の実践史研究が「停滞期」といえるのかどうかの判断は難しいが、確かに近代日本の教育実践をトータルにとらえ、その歴史的な把握と今日的な課題とを総合して構造的に明らかにする研究は、未だ途上にあるといわなければならないだろう。

　佐藤は教育実践の歴史的アプローチの原則について次のように述べる。「歴史的なできごと（事件）」を「史料によって再現し、その意味をできごとの歴史的な連関のなかで開示する」こと、「その歴史的連関は、できごとの歴史的な系譜と脈絡において示される」のであり、「個々の教育実践の特質は、そのできごとを成立させている系譜において意味づけられると同時に、そのできごとを成立させている社会的文化的文脈において意味づけられる」。さらに佐藤は、歴史的アプローチの「制約」についても言及している。「無数に存在した教育実践の事実をどう選択し、どう歴史的に構成するのかは、歴史者の歴史的な想像力に委ねられている。その意味で、どう実証に徹しようとも客観主義的な歴史叙述はありえない。ほかのあらゆる歴史研究と同様、教育実践の歴史的アプローチは、研究者自身の歴史の教養と教育学の教養を基礎とする歴史的想像力にもとづく研究として推進される」。

　引用が長くなるが、もう少し佐藤の言を紹介する。佐藤はさらに「史料と方法」に関して次のように述べる。「過去のすでに消滅した教室の授業や学びを研究するのは、資料収集の段階で困難と制約に直面する。教育実践の歴史的アプローチの第一次資料である実践記録それ自体が、ある歴史的段階のある方法意識の所産なのである。」

　筆者はかつて福井県三国尋常高等小学校の「自発教育」実践を分析したときに、そこでの実践史研究の方法と実践記録の在り方について次のようにのべたことがある[7]。

「教育実践史研究では、子ども達と教師との相互のコミュニケーションを含んだ子どもの主体的学習の追究プロセス（学習―教育過程）の史的分析が不可欠であり、同時にそのような子ども達の経験や興味・関心に基づいた追究活動がどのようなシステムの中で可能となるのかについての展望も明らかにする必要がある。」

「教師が自らの実践をあとづけ記録化するということは、自分の実践を批判的に省察し共同の場に提示するという方法意識がなくては可能ではない。今日の授業研究においてもその方法意識は弱いといえるが、大正自由教育の実践の中ではいくつかの注目すべき記録化が行われている。（中略）しかし、その記録の多くは前述したような子ども達の追究とコミュニケーションの具体的な展開をあとづけるようなものとはいいがたく、教師の方法意識の検討も含めてさらに掘り下げる必要がある。」

ここで述べたかったことは、教育実践史研究において、具体的な実践記録や授業記録をどのように歴史的に分析するのか、その実践のプロセスを＜追究とコミュニケーション＞の軸で把握することの重要性であった。同時に、当時の教師たちの実践記録の方法意識の問い直しでもあった。

佐藤は歴史的な実践史料を解読する場合に2つの作業が必要なことを述べている。第1は「史料批判（テキスト・クリティーク）」であり、第2は「史料の解読の方法を当時の慣用法（イディオム）と意味体系（コード）に則して吟味」することである。前者は、「その史料がどれほどの代表性と典型性を備えているかの吟味が必要であり、その史料の解読のまえにその史料の存在そのものの歴史的布置（コンフィギュレーション）を明示する必要がある」ことである。

佐藤は歴史的アプローチにおいて決定的なのは「史料の収集」と述べる。「教室の授業と学びの具体的様相を示唆する多様な史料を収集し活用」すること、しかし、「それらすべての史料が何十編も収集できたとしても、教室のひとつのできごとの再現は困難が伴う」と述べる。

その上で、佐藤は「史料の解読と分析と叙述の作業」について自説を展開し

ている。第 1 に行うべきは「先行研究と関連した研究の検討であり、リサーチ・クエスチョンの設定である」。なぜならば「研究は新しい知識の産出(あるいは創造)であり、研究の価値は第一義的に産出し創造する知識のオリジナリティ(独自性)にあるからである。先行研究の検討と史料の解読によって導かれるオリジナリティの創出の筋道(概念装置の形成)こそが、研究の『方法(論)』であり、この『方法(論)』こそが、その研究の最大の成果なのである。」

佐藤は、「教育実践の歴史的研究の方法論は、研究者の数だけ多様である。研究の方法論は、研究の主題や意図に応じて、あるいは実践史料の性格に応じて、研究ごとに創意的に考案されなければならない」と述べる。佐藤研究室で学んだ院生の主要な博士論文および公刊書物は以下の通りであるが、それらの内容の吟味は今後の検討課題とさせていただきたい。

＊永井理恵子(1999)「明治・大正・昭和初期における幼稚園建築の史的展開」(『近代日本幼稚園建築史研究―教育実践を支えた園舎と地域』学文社・出版予定)

＊孫　千正(2000)「大韓帝国における中等学校教育課程の形成」

＊小国喜弘(2001)『民俗学運動と学校教育―民族の発見とその国民化―』東京大学出版会

＊佐藤英二(2001)「近代日本の中等教育における数学教育の史的展開」

＊浅井幸子(2004)「1920 年代の新教育における教師の変容―児童の村の教師の一人称の語りを中心に―

佐藤学研究室出身で前掲の博士論文を提出した浅井幸子は「コラム―過去の教育実践を読む」(2005)という文章の中で、教育実践の歴史研究について自説を展開している[8]。「実践記録」の定義を、「教師が『私』という一人称で語り、子どもたちが固有名で登場し、教室で生起した出来事が物語の形で描出された教育の記録」としている。このような実践記録が世界および日本において成立するのは「ある特定の歴史的文化的な文脈において」であるという。浅井は、「日本において、教師の『私』と固有名の子どもが登場する実践記録の様式は

いつ成立したのだろうか。そして実践記録の成立はどのような歴史的意味を有しているのだろうか」という問いをかかげて研究を進めたという。浅井は、教師の一人称の語りを研究対象にすることの意味を次のように述べている。

「語りの主体である教師が教育実践の主体でもあるということ、語りが教育実践を構成する言語的な媒体であるということに求められる。教師の語りは、その教師自身のあり方や感性、子どもへのまなざしや関わり方、教育と学習の文化的な意味を、直接的かつ動的に表現し構成し規定している。教室の経験の語りには、どのような出来事にどのような意味を見出すかということが賭けられている。またそこには、歴史的文化的に構成された教師の感性や心性が内在している。しかもその語り口は、ジャーナリズムにおける流通や学問との交渉を通して様式化し、個別の教室や学校を超えて、教育の経験のゆるやかな定型化をもたらしうる。」

浅井は、教師の語りに注目し、「教育実践の主体」である教師が自らの教育実践に子どもを一人称で登場させ、その子どもの成長と同時に教師の成長もとらえるという方法意識に基づいて、大正自由教育実践の結晶ともいえる児童の村小学校の教師・野村芳兵衛を事例として取り上げた。この視点は、歴史的接近は「問題のマクロな布置を一般性において示唆するにすぎない」とした佐藤学の視点を超えている。今の教師の語りや子どもへの注目につながる重要な視点といえる。

以上、佐藤学と浅井幸子の論述をてがかりに、教育実践の歴史的アプローチ、歴史研究の意味について考えてきた。教師が主体の実践記録、子どもが固有名で登場する実践記録の構築は、現代でも重要視されるべき課題である。歴史上で考えてみると、21世紀の現代と20世紀初頭の日本社会では、どちらが教育実践に関して教師の熱意や意欲、エネルギーは大きかったのであろうか。比較する基準や客観的なデータを探すことは困難かもしれないが、大正・昭和期の教育実践の記録を読む限り、戦前の困難な時代にあれほどの全国的な熱いネットワークで動いていたことは驚嘆に値するといえる。時代は異なっても、その

時代における教師と子ども、学校、親の実際と願いは、ある意味で時代を超えて共通する面があるのではなかろうか。教育実践の歴史研究の方法論的吟味としては、時代を超えて、そこでの共通性や現代への示唆をさらに具体的な実践の中身に分け入りながら、考えていくことが必要ではないかと考える。では、以下に、その具体的な事例研究として昭和初期に実際に存在した通称・トモエ学園（私立自由が丘学園）について、考えてみたい。

2　事例研究—『窓ぎわのトットちゃん』のトモエ学園の研究
(1) トモエ学園と小林宗作

筆者は勤務している大学の共通教育の授業「教育の歴史から学ぶ」で、毎年黒柳徹子の『窓ぎわのトットちゃん』をテキストにしている。受講学生は教育地域科学部と工学部の学生約 50－80 名であるが、すでに読んだことがある学生は昔と比べて減少している。改めてこれを読むことを通して教育とは何か、学校とは何かを考える手がかりとしている。トモエ学園は戦前の昭和期の実在した学校であるが、その実践から私たちは今の学校への熱いメッセージを受けとることができる。トモエ学園とは通称で、正式名は自由が丘学園と称し、幼稚園・小学校併設の私立学校である。

『窓ぎわのトットちゃん』が出版されたのは 1981 年であるが、当時の学校教育の荒れた状況を反映してベストセラーとなり、多くの教師や親、教育関係者の中で愛読され、筆者もその愛読者の一人であった[9]。黒柳さんの読みやすい文体もあって、本の中では当時のトモエ学園と小林宗作校長の生き生きした姿が描き出されていた。体験的教育論というものの特徴であるが、体験した本人の見方や証言は絶対的な力をもつ。黒柳さんの描く小林校長は本当に偉大な人物であった。小林校長の研究書としては、佐野和彦(1985)の『小林宗作抄伝』が貴重な小林像を提起しているが、その描く視点は黒柳さんと共通性があり、校長への共感的な態度で書かれている[10]。大変興味深いのは、佐野は自身の専門である音楽の世界から小林宗作という人物及びその教え子をずっと追っていた

が、そのトモエ学園の卒業生の一人で小林校長から絶大なる影響を受けた人が、佐野が担当していた番組「徹子の部屋」の黒柳徹子であることを長い間知らずにいたという経緯である。佐野と黒柳はともに同じ人物に共感し影響を受けていたにもかかわらず、それ自体に長い間気づかずにいて、同じ番組を協同で作り上げるというプロセスを歩む。その経過は佐野の著書のはじめに、黒柳が文章を寄せていることに詳しい。佐野は、黒柳の体験的教育論とは異なり、多くの歴史史料を駆使しながら、当時の小林宗作という人物とトモエ学園の実像に迫ろうとしている。断っておくが、筆者は佐野の著作の方が、体験的教育論である黒柳の著作よりも優れているとは考えていない。むしろ、小林に直接影響を受け、小林と同時代を生き抜いた黒柳の生き方・考え方をだれも否定できない。歴史研究は、その「当事者」の体験的教育論である「証言」の真実を踏まえながら、当時の時代状況の中に、その「証言」を位置づけ直す作業であるといえる。

　小林宗作研究の代表的ものとして、小林恵子(1978)「リトミックを導入した草創期の成城幼稚園―小林宗作の幼児教育を中心に―」と、福元真由美(2004)「1920－30年代の成城幼稚園における保育の位相―小林宗作のリズムによる教育を中心に―」の2つがあげられよう[11]。両者とも成城幼稚園の研究の中で、小林宗作に焦点をあてている。筆者はむしろトモエ学園の小林宗作像からその実践を検討したいと考えた。黒柳の描く生き生きした小林宗作像を中心に据えてトモエ学園の実践を考えることが、今日の教育の課題に迫る意味を持つからである。しかしながら、時間的制約もあり、トモエ学園の関係史料を収集することが困難である。戦争で焼失したということで、歴史史料が残されていないということも考えられる。以下の論述では、「トモエ学園の実践から学ぶ」として、筆者のトモエ学園のとらえ方を語ることで、本稿の課題に迫ることにする。教育実践の歴史的アプローチの一つの事例としてトモエ学園を取り上げて考えてみたい。

(2) トモエ学園の実践から学ぶもの

　『窓ぎわのトットちゃん』の最初の扉に「この本を、亡き、小林宗作先生に捧げます」とあるように、黒柳の小林校長に対する熱い思いがストレートに表現されている。全部で61に及ぶお話のすべての場面が生き生きと描写され、トットちゃんとほかの子どもたちと小林校長の交流が描かれている。「君は、ほんとうはいい子なんだよ」という小林校長の言葉に支えられて、今の自分があると黒柳は述懐している。この本をテレビや映画で制作したいという申し込みが黒柳のもとに届けられたが、黒柳はすべてを断った。しかし、音楽ならば、聞く人の心の中で自由にその人なりのトモエ学園や小林校長の姿を描くことができると考えて黒柳は承諾した。1982年4月3日・4日に、東京で新星日本交響楽団による音楽物語「窓ぎわのトットちゃん」が演奏された。61のお話の中から、比較的音楽で描きやすい場面が選択され、ナレーションは黒柳自身が担当した。この生演奏がLPレコードに録音され、筆者はこのLPレコードで聴くことができたが、聴衆である子どもたちや大人たちの感動と共感の生音声も一緒に入っている。特に演奏の最後に、ナレーションの黒柳が、「君は本当はいい子なんだよ」と言い続けてくれた小林校長のような人に誰でもあえていたら、今の子どもたちはつらい人生を送ることはないのではないか、という言葉を涙ながらに語る場面では、会場が大きな感動の渦となり、拍手が鳴りやまなかった。

　トモエ学園には、当時の戦争中という制約された時代状況であるが、障がいを持った子どもたちが入学していた。黒柳の著作では、随所にその障がいをもった子どもとの交流の場面が描かれている。「プール」「大冒険」「高橋君」「しっぽ」「泰明ちゃんが死んだ」など、いくつもの場面で障がいをもった子どもたちが登場する。黒柳徹子という個性もあると考えられるが、何にでも興味をもち何にでも感動する少女の障がい児をみる目の温かさを感じる。小児麻痺の泰明ちゃんをトモエの木に登らせる場面が音楽に登場する（「大冒険」）。音楽でも、その場面は非常に危険な場面であることが伝わる演奏であり、トットちゃんと泰明ちゃんの2人が困難な課題にチャレンジしようとする意気込みが緊迫感と

ともに聴くものに迫ってくる。ナレーションの黒柳は、ようやく木の上で対面できた二人の感動を、涙ながら伝えている。圧巻である。

　黒柳自身も地元の公立小学校に居づらくなり、私立のトモエ学園に転校したいきさつがあるが、いわゆる「普通」の子どもではなかったようである。その個性的で特徴的な少女を、小林校長は初対面で4時間もお話につきあったと書かれている（「校長先生」）。この小林の子どもに向き合う姿勢は、障がいがあるなしに関わらず、どんな人とも向き合う教育者としての原点を示していると考えられる。今でこそ、**LD** や **ADHD** などと軽度発達障害の子どもたちのことが話題になるが、そのような子どもたちは昔から存在したのではないか。医学や学問が発達し、あらゆる子どもたちの発達する権利や学ぶ権利を保障する流れの中で、近年「気がかりな子ども」のことが焦点化してきたように考えられるが[12]。その原点ともいえる事例が、すでにトモエ学園にあったと考えられないであろうか。

　トモエ学園は様々な課題を現代の私たちに投げかけてくれる。前述した障がいをもった子どもたちとの関係については、今で言うインクルージョンの考え方に通じる実践であろう。また、入学してくる様々な子どもたちのひとり一人と正面から向き合い、ひとり一人の個性を尊重しのばすという基本的姿勢を小林校長は貫き、同僚の教師たちも基本的に同じ姿勢をもったと想像される。黒柳の著作以外に、トモエ学園の卒業生によって書かれたもうひとつの著作がある（野村健二『トモエ学園の仲間たち』1983）[13]。この本でもトモエ学園の具体的実践や授業・教師などについて、黒柳が描いていない場面が多くみられ、大変興味深い。

　さて、『小林宗作抄伝』によれば、小林自身が大正期に大正新教育の実践にふれ、成城幼稚園という実践の場を与えられ、リトミックの生みの親であるダルクローズに師事してリトミックを学び、日本に紹介したという経歴をもつ。それら青年教師時代に新しい革新教育に触れ、自ら試行錯誤しながら実践を積み上げていったことが土台となって、44歳でトモエ学園を創立したのである。従って、トモエ学園も小林宗作も大正新教育が生み出した結晶といえる。

トモエ学園の限界というか、時代的制約の中で考えるべき点がいくつか指摘できる。私立学校という制約から授業料を払える階層の子どもしか入学できなかったことが想定される。トモエのような自由な教育が一般の公立小学校で実現してほしいと筆者は考えるが、戦争中の厳しい時代状況ではまず不可能であり、ある程度裕福な家庭の子どもたちに開かれた学校という制約は否定できないであろう。もう一つは戦争との関係である。黒柳の著作の中でも、戦争との関連を示す場面がいくつか登場する。朝鮮人のマサオくん、出征のこと、軍歌のこと、バイオリニストのお父さんが軍歌を弾かなかったこと、等々。佐野の著作によると、小林校長は軍部ににらまれるとつぶされる危険性も意識して、自身の意図とは別に経営上うまく軍部とつながりをつけていたようである(14)。実際の場面については史料がないので想像でしかないが、小林の理念・考え方からいけば、戦争には賛成ではなかったと推測できる。

　卒業生の進路については、黒柳の著作の最後に何人かのケースが紹介されているが、その後の教育機関に進学して社会的に活躍している卒業生が多いことがわかる。黒柳もその一人であるが、その黒柳を支えたのは、小林校長以外では、当然のこと家族である。特に黒柳の著作に登場する母親は偉大である。心の中では動揺と悩みの連続であったと推察されるが、黒柳の前では堂々とした姿勢で、現実と向き合っている。この親でこの子あり、といえる。

　以上、トモエ学園を取り上げて、そのいくつかの場面を紹介してきたが、そこでの教育実践の内実は、時代を超えて現代に投げかけるものは非常に大きい。佐藤学は歴史研究はマクロな視点から問題提起するだけではないか、と述べたが、むしろトモエ学園の実践には本来の教育の原点ともいえる様々な要素が豊富にちりばめられているように考えられる。そこでの教師と子どもの関係性の内実から、現代は多くのものを学ぶ必要があるのではないであろうか。歴史研究は、単にマクロな視点だけではなく、そこでの内実を問い直す中で、多くの示唆を現代に投げかけていると考えられる。

おわりに

　本稿は2つのテーマで書かれている。教育実践の方法論的吟味とその具体的な事例としてのトモエ学園である。佐藤は、歴史研究はマクロの視点から問題を指摘するだけではないかと述べたが、トモエ学園の小林宗作校長は、現代の教育でもそのまま通用する存在感を示している。戦争中の時代に、子どもの個性や人権を尊重し、「きみは本当はいい子なんだよ」といい続けた小林の生きざまは、今の教師たちに大きな感動と展望を与えているのではないか。歴史研究は、時代は異なっても、その時代の中でどのように主体的に生きたのか、その時代の中で人と人との関係性をどのように大事にしたのか、いかにして双方向のコミュニケーションを創造したのかを明らかにすることが大事である。ただ過去の事実のみを客観的・実証的に明らかにすることだけでは、歴史研究とはいえない。研究者の主体的な問題意識・課題意識から過去の様々な歴史事象を読み取り、つなぎあわしていく作業、編み直していく作業が歴史研究である。その研究者が自身の歴史像をつくりあげること―これが歴史研究であろう。

　筆者としては、教育実践の歴史的アプローチの意味を今後とも考え続けていきたい。そして、近代・現代の教育実践の歩みをとらえ、今日・未来の教育実践の構築と展望へとつないでいくことを課題としたいと考える。

<註記>

(1) 拙稿(2004)「教育実践史研究ノート(1)―成城小学校の授業研究を事例に―」『福井大学教育地域科学部紀要　第Ⅳ部　教育科学』第60号

(2) 稲垣忠彦(1995)『明治教授理論史研究―公教育教授定型の形成』増補版、評論社

(3) 佐藤学(1992)「教育実践の反省的批評の方法として―私の教育史研究―」(日本教育史研究会『日本教育史往来』第77号)

(4) 拙稿(2005)「福井大学の学部・大学院の実践的・臨床的取組みと教育学研究の再構築」『福井大学教育実践研究』第30号

(5) 拙稿(2004)「教育実践における学習過程の史的研究―三好得恵の「自発教育」の構造とそ

の具体的実践の検討を通して—」『日本の教育史学』第 37 集、拙稿(1995)「長野県師範学校附属小『研究学級』の実践分析—探究—コミュニケーションの視点から—」『福井大学教育学部紀要』第 49 号、拙稿(1999)「長期にわたる総合学習実践の分析—奈良女子高等師範学校附属小学校を事例として—」『教育方法学研究』第 25 集

(6) 佐藤学(2005)「教育実践の歴史的研究」(秋田喜代美・恒吉僚子・佐藤学編『教育研究のメソドロジー—学校参加型マインドへのいざない』東京大学出版会)

(7) 前掲、拙稿(2004)「教育実践における学習過程の史的研究—三好得恵の『自発教育』の構造とその具体的実践の検討を通して—」49-50 頁

(8) 浅井幸子(2005)「コラム—過去の教育実践を読む」(前掲、秋田喜代美・恒吉僚子・佐藤学編『教育研究のメソドロジー—学校参加型マインドへのいざない』)

(9) 黒柳徹子(1981)『窓ぎわのトットちゃん』講談社

(10) 佐野和彦(1985)『小林宗作抄伝』話の特集

(11) 小林恵子(1978)「リトミックを導入した草創期の成城幼稚園—小林宗作の幼児教育を中心に—」国立音楽大学『研究紀要』第 13 集、福元真由美(2004)「1920−30 年代の成城幼稚園における保育の位相—小林宗作のリズムによる教育を中心に—」日本乳幼児教育学会『乳幼児教育学研究』第 13 号

(12) 中村圭佐・氏家靖浩編著(2003)『教室の中の気がかりな子』朱鷺書房

(13) 野村健二(1983)『トモエ学園の仲間たち』三修社

(14) 前掲、佐野和彦(1985)『小林宗作妙伝』243−249 頁

第1部　『窓ぎわのトットちゃん』の現代的意義

第2部　子どもの人権を守る取組みと筆者の原点

第2部　子どもの人権を守る取組みと筆者の原点

1　福井県における子どもの人権を守る取組み

　筆者は1985年9月に福井大学に着任し、それから間もなく日本科学者会議福井支部に入会したように記憶している。現在まで約40年が経過し、2022年9月に茨城県つくば市に転居し関東に戻ったが、福井における約40年間は筆者にとって非常に大きな意味を持っている。筆者が、タイトルにあるように「子どもの人権を守る取組み」に参加する中で、考えたこと、実現してきたことを改めてここで省察してみたい。すべてが日本科学者会議福井支部の活動として位置付けられるものではないが、「子どもの人権」ということでは福井支部の活動理念と共通すると考える。以下、約40年にわたる筆者の活動を省察していきたい。

はじめに

　約40年にわたる福井での活動、特に「子どもの人権を守る取組み」の項目を挙げると、①福井大学着任当時の教育学の授業（教師の体罰問題）、②丸刈り校則と「子どもの悩み110番」、③「親と子のリレーションシップほくりく」の取組み、④一般社団法人「ラシーヌ」と子ども支援の活動、⑤敦賀市中池見湿地保全の取組み、の5点である。最後の中池見湿地保全の取組みは、「子どもの人権」がテーマではないが、自然の豊かさや自然保護という問題を考えることの大事さ、また自然保護という視点は人間形成にとって不可欠なテーマであると考えて本稿に含めた。中池見湿地については、本誌に敦賀市の笹木智恵子・笹木進「中池見湿地の保全活動を振り返る1990－2023」が掲載されているので、そちらを是非ご覧いただきたい。では、以下5点を中心にして述べていきたい。

1　福井大学着任当時の教育学の授業 ―教師の体罰問題―

　筆者の専門は教育史であり近代日本の民主主義運動である「自由民権運動と教育」について院生時代から研究をしてきた。1985（昭和60）年9月1日に35歳で福井大学教育学部助教授として着任したが、担当授業は教育史（日本教育史と西洋教育史）及び教育学の2種類であった。教育学の一般教育も担当していたので、教育学部と工学部の学生を対象とした授業もあった。筆者は前述したように「自由民権運動と教育」をテーマにしてきたが、他方、現代の教育にも関心をもち当時社会問題となっていた教師の人権侵害である「体罰問題」を授業で取り上げた。教育学部で教師を目指す学生たちに、NHK特集の「体罰」映像や教師の体罰をめぐる資料を配布して意見を求めると、ほとんどの学生は「体罰否定」である。しかしながら、実際に教師になった場合を想定して「体罰の是非」を問うと、「全面否定」の学生は少なく「時と場合による」という回答がかなりの部分を占めた。なぜなのか。授業の中で、「体罰否定」を主張した学生が、実際に教壇に立つと「全面否定」ではなく「時と場合による」に変わるのである。理由は、子どもたちの態度や反応との関係で、非行に走った暴力的な子どもたちに対しては言葉では説得できず「体罰もやむを得ない」という判断が生まれるのである。

　筆者にとっては、教師の体罰問題は当時の教育現場においては非常に大きな問題であり、将来教師を目指す学生たちが「体罰容認」になっていることに大きな危機感を覚えた。確かに「全面否定」をすることは難しいかもしれないが、「言葉」ではなく「力」で子どもたちに対処することは人権侵害にあたるのではないか、という認識をどこまで学生たちに考えてもらえるのか。いかなる場合も体罰という暴力は否定すべきであるという確固たる信念を授業でどのように貫くべきか、かなり悩みながら授業をしていたことを思い出す。この教師の体罰問題は、今日でも大きな教育問題となっている[1]。

2　丸刈り校則と「子どもの悩み110番」

　前述した「体罰問題」と関連するのであるが、当時、福井大学におられた小林剛先生と弁護士の方々と一緒に体罰問題や中学生の丸刈り校則問題を考えていた中で、実際に福井県陶芸村の陶芸家のご家族を支援したことがあった。そのご家族の2人の息子さんは当時小学生で、丁度長男が地元の中学校に進学する時期であった。彼は丸刈りにはしたくないと考えたので、ご両親は校長先生に面会し要望したが、校長は校則で決まっているので一人だけ長髪を認めることはできない、校則を変えてから考えてほしいと言われたという。当時、愛知県岡崎市で丸刈り校則に反対して一人長髪で中学校に通った息子さんをお持ちの愛知教育大学の森山昭雄氏を福井にお呼びして学習会を持った[2]。先ほどの陶芸家の長男は止むなく丸刈りにしたが、次男は一人長髪で3年間中学校に通ったのである。ご両親にお聞きすると、特にいじめなどの嫌がらせはなかったとのことである。当時、全国的に丸刈り校則が問題となりマスコミも注目し、いくつかの新聞で中学生の丸刈り校則の全国実態地図も公表されたと記憶している[3]。

　福井県においても、その後、県内の中学校の生徒会が中心となって教師と保護者も巻き込んで、校則の自由化が一気に進んだと記憶している。私たちはこの丸刈り校則問題を契機として福井の子どもたちの人権を守り、福井の保守的な風土を少しでも変えたいと考えて、「福井の教育を文化を考える会」を立ち上げた。そこには、私たち大学関係者と弁護士、医師、マスコミ関係者、一般市民などが参加して熱い議論を展開した。福井大学を会場にして例会をもち、私が会報を準備して毎月新聞記事や関係資料を印刷して発行したことも懐かしい思い出である。このような活動を背景として、教師の体罰問題だけではなく、様々な教育をめぐる不満や想いを広く聴き取ろうということで、小林剛先生の発案で「子どもの悩み110番」を福井大学と福井弁護士会共催で1993年7月に開始した。当時、全国でも大学と弁護士会（佐藤辰弥弁護士）が共催して、子ども

の人権を守る取組みを開始した事例は珍しいということであった(4)。

　「子どもの悩み110番」は第1回が1993年7月20日〜22日の3日間、福井大学で開催した。福井大学と福井弁護士会の共催であるが、福井大学においては教育学部附属教育実践総合センターの「教育相談」部門が部門の活動として位置付けられた。

　第1回は当時は大学と弁護士会との共催は珍しくマスコミも注目し、3日間電話が鳴りやまなかったという状況であった（相談は59件、61人）。これ以降、年に3〜4回実施し、福井市と敦賀市、小浜市で継続した。それぞれの地域で「親の会」があるところは様々なご支援をいただいてきた。特に小浜市では地元の柴田純男・叔子ご夫妻の献身的なご支援に深く感謝している。最近では2023年9月9−10（土・日）に95回目で福井市の専照寺をお借りしての開催であった。今までの相談件数は約1500件であり、相談者は子どもをもつ若い母親が最多で、相談内容は不登校が多く、それ以外でいじめ・障害・勉強・しつけなどである。特にいじめ・不登校で学校側に問題が多い場合は、110番スタッフが問題解決に駆け付けるケースもいくつかあった。中心スタッフの一人である筆者が2021年3月に二つの大学を退職し（福井大学・福井医療大学）、2022年9月に茨城県つくば市に転居した関係もあって教育相談活動を継続することが難しい状況となったが、残りのスタッフで継続して開催することが確認され、相談日当日は筆者もオンラインでできるだけ参加する方向となった。主催は福井医療大学であり、その教員であるスタッフの青井利哉先生が尽力されている現状である。その他のスタッフとしては小児科医師の坂後恒久氏、弁護士の端将一郎氏、、小浜市の柴田叔子氏も参加されている。当面は、9月に福井市で、3月に敦賀市と小浜市で開催する方向で考えている。

　「福井の教育と文化を考える会」の後継者として「ふくい『非行』と向き合う親たちの会」（「すいせんの会」と略称）が赤星昇さんと佐藤収一さんを中心にして、2005年2月に結成された。この会は、全国的な組織であり、子どもたちの荒れや「非行」の原因や背景を考えて、子どもたちを責めるのではなく親や

教師、専門家と協働して問題の解決にあたるという取組みをしてきた。「会報」が現在第107号（2023年10月号）になっている[5]。

3 「親と子のリレーションシップほくりく」の取組み

　北陸3県で、子どものことや親のこと、地域のことなど、いじめや不登校、子どもの人権など、いろいろな問題に向き合ってきたこともあり、その「共通性」を捉えて、2011年6月11日に北陸3県の共同の集会を持つようになった。それが「親と子のリレーションシップほくりく」（「リレほく」と略称）の結成である。福井では「ふくい『非行』と向き合う親たちの会」が母体となった。今年は2023年10月28日に石川県金沢市で第13回目が開催される。毎年、3県を順番で回り、石川→富山→福井の順番で開催してきた。この「リレほく」に参加する福井の団体は「すいせんの会」（ふくい「非行」と向き合う親たちの会）、「一陽」「子育て塾育み」、「福井県BBS連盟」、「福井県子どもNPOセンター」、「ラシーヌ」の6団体である。昨年の2022年10月に越前市で開催した福井大会は地元の約20団体が参加した。

　この「リレほく」の活動理念を最初に確認しておきたい。「規約」第1条「目的」には、「私たちは、自己肯定感の低さに苦悶し生きづらさをあらゆる形で表出し続けている子どもたちと、子育てに悩む家族の気持ちに寄り添い、子どもの健やかな育ちのために、北陸で多様な活動を展開する多くの人達とつながりあい、お互いの情報を共有し支援しあうことを目的とする。」とある。第4条（活動内容）では、「この会は目的を達成するために次の活動を行なう。(1) 北陸各地で親と子に関わる団体の、情報交換と交流を図る。(2)「子どもの権利条約」を学びあい、広く一般社会への啓発活動等を行い、活動の基本精神を共有する」とあるように、2つの活動が提案されているが、「子どもの権利条約」と深く結びついていることが本会の大きな特徴である。

　今までの4回の福井大会を振り返ってみたい。

<u>第1回　2013年9月7日（土）</u>13時～17時20分「親と子、学校と地域が

ともにつながろう〜子どもの権利をまなび、いじめ・体罰のないあたたかな社会を〜」福井大学教育学部で、講演は松木健一福井大学教授「親と子、学校と地域がともにつながる社会をめざして」、4つの分科会（子どもの声／非行／子育て／遊ぼう）が持たれた。

第2回　2016年10月22日（土）10時〜17時「おたがいの声に耳をかたむけて〜みんながみんな、主役なんだぜ〜」福井県立大学を会場にして、パネルディスカッションと分散会、4つの分科会（ハロウイン／家族／いじめ／子育て）が持たれた。

第3回　2019年10月26日（土）9時30分〜17時「支えよう　子どもの未来」福井大学教育学部で開催され、分散会と4つの分科会（不登校・ひきこもり支援／子どもシェルター・自立援助ホーム／体罰／性暴力）が持たれた。

第4回　2022年10月29日（土）9時30分〜16時30分「子どもが未来を描ける街へ」は越前市生涯学習センターで開催され、講演は北川聡子氏（麦の子会）「子育ての村ができた！〜発達支援、家族支援、共に生きるために〜」、7つの分科会（若者の社会参加／多様な学び／外国ルーツの子どもたち／ペアレント・トレーニング／子どもシェルター・自立援助ホーム／性の多様性／性暴力）が持たれた。

　以上、4回の福井大会をご紹介した。毎回実行委員会をつくり手づくりの集いを企画してきた。第3回と第4回の分科会で「子どもシェルター・自立援助ホームの設立」に向けて準備してきた関係で、以下に述べるように、一般社団法人「ラシーヌ」の結成と子どもシェルター・自立援助ホームの設立が実現することとなる。

4　一般社団法人「ラシーヌ」と子ども支援の活動

　前述したように、「親と子のリレーションシップほくりく」の2回の福井大会の分科会の中で、子どもシェルターと自立援助ホーム開設に向けて準備してきた関係で、2019年末に「福井に子どもシェルターをつくる会」を発足し準備を

行い、2022年1月に 一般社団法人「ラシーヌ」(フランス語で「根っこ」という意味)を設立、8月には自立援助ホームの設立に至った。北陸では金沢に続いて福井にも自立援助ホームを開設することができた。2021年9月に女子少年院のドキュメンタリー映画「記憶」の上映会を行い、多くの方々が鑑賞され支援をいただいていたことも大きな力となった。ラシーヌの「ニュースレター」第1号(2022年8月5日)に端将一郎理事長(弁護士)は以下のように述べている。

> 「今回設立された自立援助ホームは女子のホームです。女子の場合、行き場がない場合に性風俗に結びついたり、若年のうちに望まない妊娠をしたりするといったリスクがあることを踏まえ、まずは女子の自立援助ホームを設立することになりました。ただ、居場所を必要としているのは、女子だけではありませんから、ゆくゆくは男子の自立援助ホームも設立したいと思いますし、自立援助ホームからシェルターの機能を独立させ、子どもシェルター単体での設立にも繋げていきたいと思います。」

現在は3人の10代の女子を保護して自立を援助している。

5 敦賀市中池見湿地の保全の取組み

中池見湿地との出会いは今から30年近くも前のことになるかもしれない。自然の豊かさは人間にとって欠かせないものであるが、息子が小学生の時に、当時お元気であった福井大学の佐々治寛之先生のご案内で中池見湿地を訪れ、膝まで水につかりながら湿地帯の中を歩いた記憶がある。コオイムシやハッチョウトンボなど貴重種の昆虫や綺麗な花々と出会い、なんと素晴らしい場所であるかと感嘆した。その後、湿地が大阪ガス(株)によりLNGガス基地になることが明らかになり、保全存続のための「トラスト運動」を1996年から開始した(中池見湿地トラスト「ゲンゴロウの里基金委員会」1996年9月発足)。福井からトラスト運動の会議のため敦賀に何度も足を運び、京都大学の河野昭一先生を中心として多くの学者・研究者の方々の支援もあり、大阪ガス(株)と対決

してきた。その後、様々な運動を展開したが、1999年にはエネルギー需要の低下を理由として、大阪ガス（株）はLNGガス基地の建設を10年延期し、2002年には建設計画の中止を発表。2005年3月には、大阪ガス（株）は所有地と造成した施設（現・中池見人と自然のふれあいの里）を敦賀市に寄付し、完全撤退となった。この突然の発表の衝撃は今でも記憶に生々しい。トラスト運動に参加してきた私たちにとっては、本当にうれしい歴史的な事件であった[6]。その後、さらに嬉しい出来事は中池見湿地が2012年にラムサール登録湿地として認められたことである（この間の詳しい経過は前述した笹木智恵子・笹木進論文に詳しい）。2012年7月7日のラムサール条約登録湿地認定授与式がルーマニアのブカレスト国会宮殿であり、当時の河瀬敦賀市長をはじめ、保全運動に関わった敦賀の方々が参加されたのである。本当に歴史的な記念日となった。

　現在、中池見湿地は北陸新幹線が2024年3月に敦賀まで延伸する工事が行われ、水環境が非常に厳しい状況ではあるが、工事側もラムサール登録湿地ということで、できるだけ現状を保全する方向で努力しているようである。

おわりに

　筆者の約30年間にわたる福井における「子どもの人権」を守る運動を省察してきた。項目としては5項目を挙げたが、筆者の中では、それぞれの取組みが深く結びついていると認識している。筆者の専門である教育史研究に少し触れると、明治期の自由民権運動から大正新教育運動に研究対象を拡大してきたが、2000年5月に拙著『教育の歴史的展開と現代教育の課題を考える―追究―コミュニケーションの軸から―』（三恵社）を出版したことは研究者として一つの区切りがついたという思いがある。その後、自由民権から大正新教育、さらには昭和期の様々な民衆運動にどのようにつながるのかを現在考えている[7]。最後に、本稿でご紹介した小林剛、佐藤辰弥、柴田純男、佐々治寛之、河野昭一の各氏は故人となられている。多くのことを教えていただいたことに深く感謝し、心より哀悼の誠をささげたい。

第2部　子どもの人権を守る取組みと筆者の原点

＜注記＞

(1) 森透（1990）「福井県における子どもの人権と体罰問題」（日本科学者会議福井支部編集『地域を考える』）。

(2) 森山昭雄（1989）『丸刈り校則　たった一人の反乱』風媒社

(3) ネットで調査すると、「1993 年（平成 5 年）、文部大臣赤松良子が、中学生の丸刈り指導問題について「丸刈りは戦争中の兵隊を思い出しゾッとする」と発言し、のち発言撤回する。このころから、日本各地で丸刈り校則見直しの動きが加速される。」「1994 年（平成 6 年）7 月、この時に丸刈り校則が皆無な都道府県は、北海道、東京都、埼玉県、神奈川県、新潟県、京都府、愛媛県、香川県の 8 都道府県である。前年は北海道、神奈川県、京都府だった。また、11 府県で 1 割以下となっている。丸刈り強制 3 割以下（皆無も含めて）は 32 都道府県に及び、1993 年から 1994 年の 1 年間で大幅に見直しが進んだ。（朝日新聞平成 6 年 7 月 16 日）」

(4) 1993 年からの 5 年間の教育相談の活動報告をまとめたものとして、森透・松木健一・坂後恒久・佐藤辰弥（1997）「子ども・親の心を受けとめて―『子どもの悩み 110 番』の活動報告」（福井大学教育地域科学部附属教育実践総合センター紀要『福井大学教育実践研究』第 22 号）、それを収録した冊子『子ども・親の心を受けとめて』(福井の教育と文化を考える会発行、1999.3)。その他、森透（2003）「気がかりな学校のシステムを考える―「子どもの悩み 110 番」の事例を通して―」（中村圭佐・氏家靖浩編著『教室の中の気がかりな子』朱鷺書房）、森透・坂後恒久・佐藤辰弥・細田憲一（2010）「子どもたちの今を考える―『子どもの悩み 110 番』の教育相談活動を通して―」（福井大学教育地域科学部附属教育実践総合センター紀要『福井大学教育実践研究』第 34 号）等の文献がある。

(5) 「非行」と向き合う親たちの会　あめあがりの会 http://shiochanman.com/hikou/

(6) 笹木智恵子・森透（2007）「福井県敦賀市中池見湿地保全の現状と課題」日本科学者会議福井支部編集『福井の科学者』第 102 号。

(7) 拙稿（2023）「大正新教育研究の方法論的検討―民衆史の視点から福井県を事例に考える―」（『中部教育学会紀要』第 23 号）では大正新教育の再評価をしており、明治期の自由民権

運動から大正新教育運動、更には昭和期の郷土教育運動や生活綴方運動など、ファシズムになだれ込む日本の教育の歴史的展開を民衆史や子どもの人権という視点で通史的に再構成したいと考えている。また、拙稿「大学における授業実践の展開とその省察―「教育学概論」と「教職論」を事例として―」を『開智国際大学紀要』第 23 号（2024）に投稿中である。

2 福井県における子どもシェルター・自立援助ホームの実践

はじめに

　本稿は2024年3月16日(土)に開催したJSA福井支部3月例会での報告をもとに加筆修正したものである。筆者の専門は教育学・教育史であり、本報告テーマの「福祉」分野は必ずしも専門ではないが、ここ数年、このような取り組みに参加する中で考えてきたことをまとめてみたいと思い報告させていただいた。子どもシェルターや自立援助ホームの取り組みは今まで全国的に展開されている(2024年3月1日時点でのホーム数295)[1]。貧困や虐待等の厳しい現実の子どもたちをいかに支援するのか、その子どもたちの自立を促す取り組みは非常に難しい。国や自治体からの財政的なサポートは一定程度あり様々な個人や団体からの寄付もあるが、まだまだ財政的に厳しい現実がある。同時に支援する側も、必ずしも十分ではない給与体系の中で、ボランティア精神で困難な活動に参加するスタッフは身体的・精神的な厳しい現実に直面して活動から離れていくケースが多い。このような現実の中で、一人でも多くの子どもたちを救いたいという思いで参加されている全国のスタッフへのご理解とご支援をお願いしたい。筆者はこの分野で先進的な活動をされている東京のカリヨン子どもセンターを含め、多くの方々の文献を読ませていただき非常に参考になった[2]。

1　子どもシェルター・自立援助ホーム設立までの経過

(1)「親と子のリレーションシップ」の取り組み

　今から約10年前の2011年に、「親と子のリレーションシップほくりく」という組織が、北陸3県の子どもに関わる団体のゆるやかなネットワークとして

誕生したが、現在、国際社会が一丸となって取り組むSDGs（持続可能な開発目標）にも子どもへの暴力撲滅など、「子どもの権利条約」の精神が色濃く反映されており、虐待、いじめ、貧困など、子どもをめぐる状況は、この日本においても課題が山積している。第1回大会は2011年7月に金沢市で「子どもの権利条約」の精神を基本にして開催され、それ以降、毎年秋に3県で順番に大会を開いてきた。福井でも最近の3回の福井大会で「福井にも子どもシェルターをつくろう」という思いで分科会を設置して考えてきた。2016年秋の第2回福井大会の分科会では愛知県と石川県での先進的な取り組みの報告があり、2019年秋と2022年秋の第3回・第4回福井大会では分科会「子どもシェルター・自立援助ホーム」を設置し具体的な議論を行ってきた。

　3回の福井大会を踏まえて、一般社団法人「ラシーヌ」の結成と子どもシェルター・自立援助ホームの設立が実現することとなる。

（2）子どもシェルター・自立援助ホームの設立

　2019年秋の第3回「親と子のリレーションシップほくりく」の終了後、有志で「福井に子どもシェルターをつくる会」を発足させ準備を開始した。その過程で、2021年9月に女子少年院のドキュメンタリー映画「記憶」の上映会を福井市内で開催し、多くの方々が鑑賞されご支援をいただいた。それらの活動をバネにして、2022年1月に 一般社団法人「ラシーヌ」を設立した[3]。「ラシーヌ」はフランス語で「根っこ」という意味で、子どもたちが根を張って自立した生活をしてほしいという願いと、私たちが根を張って運動を続けたいという思いが表現されている。私たちの運動を身近で励ましてくれたのは、2018年2月に北陸で初めて誕生した子どもシェルター・自立援助ホームである「シェきらり」である。これは弁護士が中心となって設立されたものであるが、この石川の取組みから学びながら福井での子どもシェルターづくりが始まったといえる。そして、ようやく2022年8月に自立援助ホームの設立（子どもシェルターの機能も含む）が実現する（定員6名の女子児童対象）。「ニュースレター」第1

号（2022年8月5日）で代表理事の端将一朗弁護士は、「今回設立された自立援助ホームは女子のホームです。女子の場合、行き場がない場合に性風俗に結びついたり、若年のうちに望まない妊娠をしたりするといったリスクがあることを踏まえ、まずは女子の自立援助ホームを設立することになりました。ただ、居場所を必要としているのは、女子だけではありませんから、ゆくゆくは男子の自立援助ホームも設立したいと思いますし、自立援助ホームからシェルターの機能を独立させ、子どもシェルター単体での設立にも繋げていきたいと思います。」と述べている。マスコミからの注目もあり、『日刊県民福井』『中日新聞』福井欄（2022年9月5日）では「県内初の自立援助ホーム」「施設退所少女らに居場所」「緊急避難シェルター兼ねる」、『福井新聞』（2022年9月9日）では「県内初、自立援助ホーム」「虐待、ネグレクト、家で暮らせぬ少女に安心

写真1　自立支援ホーム（上から、リビング、居室、ダイニング）

を」、『毎日新聞』（2023年4月19日）では「行き場のない10代後半の女子守る」「福井県唯一の自立援助ホーム」という見出しで報じてくれた。

「子どもシェルター」は緊急避難としての機能をもち2～3か月の短い期間での受け入れであり、「自立援助ホーム」は施設を出てから自立して社会的な活動

ができるまでの支援を行う機能（1〜2年）をもつ。2024年3月現在で4名の10代女子（17歳〜20歳）が入所している。それぞれの入所時期や理由はさまざまであるが、基本的に本人の入所希望を踏まえて受け入れており、まわりが強制的に入所させることはない。今までは、児童相談所や医療機関からの依頼や本人からの連絡（ライン等）もあり、スタッフの面談を経て入所が決まる。現在、ホーム長を中心としたスタッフ（常勤3名，非常勤4名）でサポートしている。

2　子どもシェルター・自立援助ホームの現状と課題

「ラシーヌ」の理事会は毎月2回オンラインで開催。理事会の構成は代表理事・端将一郎（弁護士）ほか理事5名、監事1名（筆者は監事）。理事には弁護士・社会福祉士等。理事会では理事であり「さくらの木」ホーム長のSさんから入居者の子どもたちとスタッフの現状報告がある。財政面では国と県の措置費がある[4]。措置費の他に寄付金・物品などの支援があり感謝している。最近の様子は『福井新聞』（2024年1月16日）で、「自立へ一歩ずつ」「10代3人『援助ホーム』で生活」「学校や仕事，スタッフと菓子作りも」「施設側『ここで人を頼れるようになってほしい』」と報道されている（報道時3人入居）。

課題は、福井の子どもたちの現状をみると、新たに子どもシェルター・自立援助ホームの設置が必要な現実があり、女子だけではなく男子の子どもシェルター・自立援助ホームの必要性もある。現在、増設に向けて準備を行っている。福井県のホームページを見ると、県内の虐待件数は2020年が最多でその後若干減少しているが、まだまだ多いと言わざるを得ない（図1）[5]。

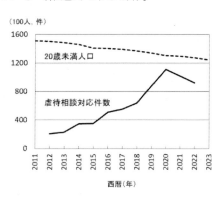

図1　福井県児童相談所における虐待相談対応件数の推移（出典：文献5）

おわりに

　本稿は『福井の科学者』に筆者が「福井県における子どもの人権を守る取組みを振り返って」という論稿を書かせていただき、筆者の福井における35年間の活動の中に子どもシェルター・自立援助ホームの活動が位置づけられていたことが出発点となった[6]。本稿では全体の概略だけを示すことになったが、今でも全国の子どもシェルターや自立援助ホームの日々の奮闘が続いている。入居している子どもたちのさらなる幸福と彼らを支援しているスタッフの幸福を願い、ますますのご支援をお願いしたい。

＜注および引用文献＞

（1）　全国自立援助協議会　zenjienkyou.jp/about/
（2）　編集代表・坪井節子，東京弁護士会編，カリヨン子どもセンター協力：『お芝居から生まれた子どもシェルター』（明石書店，2006）．カリヨン子どもセンター・子どもセンターてんぽ・子どもセンターパオ・子どもシェルターモモ編：『居場所を失った子どもを守る子どものシェルターの挑戦』（明石書店，2009）．
（3）　一般社団法人ラシーヌ　https://sites.google.com/view/fukui-racine/
（4）　子ども家庭庁長官：「児童福祉法による児童入所施設措置費等国庫負担金について」（2024年1月19日）
（5）　福井県児童相談所：「令和4年度の相談概要（業務統計）」
（6）　JSA福井支部：『福井の科学者』第140号（支部結成50周年記念特大号，2024年1月）

3 『語り継ぐ私たちの東京教育大学』における筆者の原点

　最初に、本報告に至る長い歴史から述べさせていただきたい。筆者は1950年7月東京都渋谷区生まれの戦後すぐの世代である（現在74歳）。1970年4月に一浪で東京教育大学教育学部教育学科に入学した（以後、教育大と略記）。高校時代はノンポリで聖書同好会に参加していた（私とキリスト教との出会いは長くなるので省略）。当時、教育大は大学紛争の真っただ中で、機動隊が学内に入っていた。国家管理構想である筑波大学への強行移転という学内状況で、学内の世論は学部ごとに異なり、学生たちは一様に反対していたように思う。私は昼休みに中庭で歌う会をやっていた「あらぐさ」という、いい雰囲気のうたごえサークルにすぐに加入し、歌を通して社会や政治の問題を考えるようになった。ベトナム戦争や沖縄返還問題など、緊迫した世界情勢を見ながら学生なりに真剣に社会と向き合っていたように思う。1970年6月23日は安保条約改定の日には、初めてデモを経験した。文京区大塚のキャンパスから国会へ安保反対のデモに出発し、途中闘争歌を歌い（「沖縄を返せ」「インターナショナル」など）、道路一ぱいに広がるフランスデモも経験した。国会周辺ではヘルメット学生と機動隊がぶつかり、デモが何度もストップした。それで、夜遅くなり、終電もなくなり、新橋の公園で夜を明かした懐かしい思い出がある。若いとなんでもやれるんだと、今ではしみじみ思う。

　1970年7月17日の「杉本判決」（東京地裁）は国民の教育権論を展開し、家永三郎氏による教科書検定批判での画期的な判決となった。筆者は感動をもって受け止めた記憶がある。

　大学の授業は一般教育で、家永三郎氏の「太平洋戦争」の講義を受けた記憶がある。家永先生は細身の身体で、風呂敷に多くの書籍を講義室に持ち寄り、

その研究書籍を読みながら、講義を構成していった。甲高い声で、とうとうと語る家永先生であった。私は、学部3年間はサークル活動に没頭した。授業にも出ていたが、心は常にサークルであった。教育大とお茶大（お茶の水女子大学）の合同サークルであり、大恋愛も経験した。いよいよ、3年次の後半で「卒論」をどうするか、非常に悩んだ。4年生では、英語の教員免許取得を目指し、教育実習を男子校の桐朋学園附属の中学・高校でやったが、とても楽しかった思い出がある。当時は、教師になるか、進学するかで悩んでいたが、同期の複数のメンバーで語らいながら、進学の方向を選択していたように思う。卒論は、近代日本最初の民主主義運動である「自由民権運動と教育」をテーマとし、家永先生の影響もあり、「植木枝盛の教育思想」とした。家永先生の研究室にお邪魔してご指導を受ける機会もあったが、その時、先生から植木枝盛の史料を1冊お借りしたが、その後返す機会もなく、今でも宝物のように大事に保管している。教員免許は英語で取得し、大学院は東大と教育大を受験した。同期の佐藤学氏は東大に進学し、私は教育大に進学した。他にも同期生で、それぞれ東大と教育大に進学した。東大の院入試は語学が2つ（英語と独語）あり、最後の面接で、たしか大田堯先生と堀尾輝久先生がおられて、「森くん、ドイツ語がちょっとね」と大田先生にコメントをいただいた懐かしい思い出がある。

　教育大の修士論文は、長野県松本市の民権結社を取り上げた。博士課程への進学については、また悩んだ。教育大学が閉学となるので、そのまま教育大の博士課程に進学することが不可能となったからである。様々な選択肢を考えたが、やむなく筑波大学大学院博士課程の一期生（5年制の3年次編入）となった。学部時代は、筑波大学構想に反対していたので複雑な心境であった。入学後、東京・立川市の自宅から筑波大学に週1回程度通学していたように思う。往復7時間、ゼミは2〜3時間程度で、複雑な博士課程の生活であった。奨学金と塾のバイト・非常勤講師など、親に負担をかけつつ、生活に追われていたように思う。他方、新宿の「ともしび」にかなり通い、半分スタッフのような立場で調理室や歌う会の司会者もやったりした（いまつくば市で、ともしびの出前出

張で当時のスタッフと出会う機会があり、懐かしく当時のことを語りあったり、また高田馬場にある「ともしび」店で当時のスタッフと出会う楽しみもある）。

　その後、31歳で結婚し妻は東京都の保育士。私と2年後に生まれた息子は2人とも妻の扶養家族となった。妻の両親は私の就職をかなり心配していた。非常勤生活の苦しい生活の中、ようやく35歳で1985年9月1日福井大学の教育史講座に助教授に採用された。北陸は初めての生活であったが、就職は本当にありがたかった。研究はまずは越前の自由民権運動で論文を紀要に書いたが、私としては、大学の教育学関係の授業で現実的・実践的な内容に取り組んでいたので、明治期よりもその後の大正期の具体的な教育実践の研究をしたいという思いがあり、福井県の大正新教育（三国尋常高等小学校の「自発教育」、今の三国南小学校）に出会った。この出会いは、私にとっては歴史的な出会いであった。三国南小学校には、当時の三国尋常高等小学校の資料がほとんどそのまま保管されていたのである。この出会いで、大正期の豊かな実践にのめり込んでいく（自由民権運動の総括ができていないことは今でも反省している）。その後、福井大学では教職大学院の実践と研究に追いまくられ、歴史研究からは遠ざかったように思う。ただし、長野県伊那市の伊那小学校の総合学習は、その源流が大正期の長野師範附属小「研究学級」にあるということで、私の中では繋がっているという自覚はあり、毎年2月に伊那小の公開研究集会に夜行バスで福井から学生を連れて10年ほど参加してきた。

　以上、教育大の学部時代、筑波大学の院生時代、うたごえとの出会い、結婚と福井大への就職など、めまぐるしい激動の20代、30代を振り返ってきた。今、74歳となり、改めて若き頃の教育大闘争を振り返る機会を与えていただいて、感謝している。権力に抵抗する姿勢、平和と民主主義を生活の基本として生きる姿勢は今でも堅持していると思う。日本科学者会議福井支部の会員として活動していることも大きいと思う。つくば市で10月に市議選があるが、ある候補の後援会に入り支援活動に参加している。福井市に37年間住み、2021年3月に70歳で福井大学と福井医療大学をともに退職し、2022年9月につくば市に

思い切って転居した。もうすぐ2年となるが、地域の多くの方々に恵まれ、多くの楽しい出会いがある。また、2023年4月からはご縁があって、柏市の開智国際大学特任教授として勤務させていただいている。つくば市は、筑波大学があり、私が大学院生活を送った懐かしい場である。今の筑波大学の教育学関係の先生も少し存じ上げている。また大学図書館も利用させていただいている。学部時代から50年も経過しているのであるが、今の筑波大学はだいぶ民主的に運営されているのではないかと推測している。

　以上の報告で、本稿を閉じたいと思う。参考までに、私が今までの主要論文をまとめた拙著『教育の歴史的展開と現代教育の課題を考える―追究―コミュニケーションの軸から』（三恵社、2020年）をご紹介しておきたい。本書の編集委員の方々のご活躍を心より願うものである。

第3部　大正新教育研究の現代的課題

第3部　大正新教育研究の現代的課題

1　大正新教育研究の方法論的検討
―民衆史の視点から福井県を事例に考える―

はじめに(1)

　筆者は2020年5月に拙著『教育の歴史的展開と現代教育の課題を考える―追究―コミュニケーションの軸から―』を出版した(2)。内容は、今までの主要な研究論文を収録した論文集といえるものであるが、本特集の中部地区の150年の教育史を考えると、本書では明治期の自由民権運動と教育における福井県の事例（越前自由民権運動）、大正期の新教育実践で著名な福井県三国尋常高等小学校の「自発教育」実践を取り上げている。筆者の研究の歩みは、卒業論文、修士論文とも自由民権運動を研究対象とし、その後、大正新教育に研究対象を変えてきたという経緯があり、それらの研究の問題意識の底流には、自由・民権・民主主義という理念・思想を追究したいという思いが存在し、さらに自由民権研究を民衆史の視点から問題提起をしてきた色川大吉や鹿野政直などの視点から学び、その視点を大正新教育研究に活かしたいとも考えている。このたび、大正新教育の研究動向をとらえるにあたり、自由民権研究から大正新教育研究をどのような視点で研究すべきなのか、どのような視点で明治と大正における自由・民権・民主主義を串刺しに出来るのかを私自身の問題意識として考えるに至った。自由民権運動の担い手は主に士族と豪農が中心であったが、最後には秩父事件に代表されるような困民層、貧しい民衆も参加し蜂起を起こした。どのような階層が運動に参加したのか、また彼らの教育要求は何であったのか。また、大正新教育に参加した教師や学者、研究者はどのような階層なのか、また子どもを新学校に入学させた親の階層はいかなるものか、など研究すべき課題は多い。

　民衆史研究を精力的に進めた色川大吉、鹿野政直、安丸良夫などは、近世か

ら近代の移行期において民衆意識の動態に注目し民衆の意識や考えを取り上げた。その民衆は、大正期にはどのような生活をしどのような意識・動態を示したのか。明治期から大正期にかけての彼らの教育に関する意識や要求について分析することが必要である。つまり、大正デモクラシーや大正新教育を担った市民や民衆の意識・動態を分析することが重要ではないかと考えるのである。

　大正新教育を担った人々、その階層について考えると、私立学校である新学校に入学させた親の階層はかなり裕福な家庭であったと考えられる。公立小学校は無償であるが、私立学校はかなり高い授業料が必要であり、貧しい階層の子どもたちは入学できなかったからである。多くの子どもたちの教育を担った公立学校の実態や役割も大正新教育研究においては欠かすことのできない研究課題であり、これらを考え追究することが、民衆史研究につながると考える。

　大正新教育の評価に問題提起した小針誠（2015）[3]は、「通説」を批判的に検討し「国家の教育」と「国民（市民）の教育」を二項対立的にとらえる見方を批判し、国家の教育を悪玉、国民（市民）の教育を善玉とみる戦後教育学の歴史像を否定する。そして、新教育と戦時総力戦体制下の教育（国民学校制度）とを対立させて捉える分断史観を批判して「子ども中心主義や大正新教育運動そのものやその研究史を批判的に問い直し、特にその後の総力戦体制下の教育との関連（つながり）を考察してみたい」[4]と述べる。筆者は明治の自由民権運動の明治国家批判を通して自由や民主主義の思想が大正新教育に継承されたと考えたが、さらに大正新教育の思想と運動が、その後の昭和期の総力戦体制に連続すること、深い関連性を持つことに自覚的でなければならないことも学んだ。従って、近代日本の自由や民主主義の思想と運動を明治期から昭和期までトータルに把握する構造的見方が求められていると考えるようになった。

1　大正新教育研究の現段階—橋本美保らの3部作に触れて—

　大正新教育研究の蓄積はかなり多いが、最近の橋本美保らが中心となって手掛けた3部作は注目すべき労作である。その3部作は、①橋本美保・田中智志

編著（2015）『大正新教育の思想—生命の躍動』、②橋本美保編著（2018）『大正新教育の受容史』、③橋本美保・田中智志編著（2021）『大正新教育の実践—交響する自由へ』、出版社はすべて東信堂である。

　3部作とも、若手の研究者の力作で構成されているが、筆者が最も注目した点は、編者の一人である田中智志の問題意識から、日本の新教育の分析視点として西洋のキリスト教の価値観を導入している点である。この点は非常に斬新な分析視点であると考えられるが、他方、キリスト教ではなく、仏教、儒教、道教など、日本の中に歴史的に潜在していた宗教と思想は視点としてはどうなのか、という率直な疑問がでてきた。

　田中智志は、『大正新教育の思想—生命の躍動』（2015）の「終章」で、2つの論点、つまり、①「大正新教育」は、功利主義と進化論に抗する思想に支えられつつ形成されたのではないか、②道徳的行為を導く原理の探求を伴う教育思想史は、功利主義と進化論という枠組みを視野に入れつつも、この大正新教育の思想に含まれている「生命・自然思想」の本態を明らかにすることではないかと述べつつ、結論として、「大正新教育の思想が『アガペーとしての愛』を語る存在論的思考（キリスト教的存在論）に向かっている」と強調している[5]。筆者は、これらの指摘については非常に斬新な視点であるが、前述したように日本の底流に存在した歴史的な思想や宗教などとの関連で根本的な吟味が必要であると考えている。

　他方、橋本は、本書の「序章」で「実践家は思想家や教育学者とは違い、自分の思想を体系的に語っていないし、むしろ言葉にしていない場合が多い」[6]、「彼らの置かれた状況に関する史実を掘り起こし、重ね合わせることで、読むべきテキストを吟味し、彼らの実践の基底にある『思想』を読み取ることが必要となる」[7]と述べる。橋本は、「言葉にしていない」実践家の特徴に着目し、「大正新教育は、優れた指導者がいた学校や、目覚ましい成果があった学校だけで行われていたのではない。国家主義体制のもとで強い制約を受けた公立小学校においても、多くの教師がそれぞれの情況のなかで、彼らなりの教育改造を試み

ていたのであり、それを試みようとする教師の生き方にこそ、『新教育』の本質を見ることができるだろう」[8]と述べる。この視点は重要である。小針の指摘を踏まえれば、それぞれの教師が現実といかに向きあったのか、民衆と子どもたちの思想にどこまで近づいたのかが問われる。筆者のテーマである民衆史的視点から考えると公立小学校での実践は重要な対象である。

　この3部作の中で、橋本は民衆史研究者の一人である鹿野政直について、「鹿野は思想史研究を『精神動態＝秩序意識の追跡』とみて、民衆思想の位相を捉える社会史的な方法を提示してきたが（鹿野政直『鹿野政直思想史論集』第1巻、岩波書店、2007年、ⅲ―Ⅹⅲ頁）、その視点は教育実践家の思想解明にも敷衍できよう。」[9]と述べ、さらに「実践家の思想の位相を捉えようとする研究者自身が、実践家と同様の『構想力』ないしは『想像力』を働かせて彼らの言動を読み解くとき、実践家の『課題解決を構想する過程』に迫ることができる」[10]と述べる。この橋本の指摘する研究者の実践に対する研究姿勢には共感するところが多い。

2　民衆史研究からの視点―鹿野政直・色川大吉に触れて―

　鹿野政直は1969年に『資本主義形成期の秩序意識』（筑摩書房）を出版し幕末から明治期にかけての民衆の秩序意識を取り上げている。その「はしがき」では、鹿野は「最後の第四は、いわゆる大正期へのアプローチがようやく内面的に可能になったという問題である。すでに指摘もあるように戦後期と類似点の多い大正期の意識構造は、つとにわたくしの関心のまとの一つでありながら、しかもわたくしは、それへのアプローチの足場をみいだしえないままに、むなしく時をすごしてきた。本稿を書きおえることによって、いわゆる大正期はわたくしの対象として現実的な課題となった。（中略）それらにわたくしは、今後、身をなげかけてゆきたい」[11]と述べる。その後、鹿野は4年後の1973年に『大正デモクラシーの底流―"土俗"的精神への回帰―』を出版する。その最後の「むすび」で大正デモクラシーの価値観に対する鋭い指摘をしている。つまり、

「大正デモクラシーが敢然とかかげたかにみえる"合理"と"理性"と西欧"の旗のもとで、"非合理"ないし"情念""土着"の伏流は、底ぶかくまた幅ひろく、ゆるがしがたくあった」、「1920年代の日本の思潮は、論壇や学界のそとに、そうした一つの流れをかかえていた。そうしてまたその軌跡は、"合理"―"理性"―"西欧"路線による"非合理"―"情念"―"土着"路線の無視の結果と後者のみへの埋没の結果とを、同時に今日のわたくしたちに告げ知らせてくれているというべきではないだろうか。」(12)と指摘する。鹿野は、本書で創唱宗教・青年団運動・大衆文学について取り上げそれら民衆の思想的営為に着目している。そして、本書の末尾の「あとがき」において、次のようにも述べる。「これは、わたくしにとって、大正デモクラシーについての最初の書物である。それをわたくしは、その解体からはじめなければならなかった」(13)。鹿野は大正デモクラシー研究の枠組みを根底から疑い「解体」し、その底流である「民衆」の視点から大正期を照射したといえよう。そして、根本的には、「地域とか生活に即しつつ、ファシズムへの抵抗の姿勢をくずさなかった路線」というものの存在に注目している(14)。

　同じく民衆史研究者の色川大吉は、『明治の文化』（1970）で天皇制について、「近代天皇制の思想をうみだした精神構造をたずねてゆくとき、それは意外にはば広い可能性をもった幕末変革期の民衆思想の原構造にゆきあたる。それは天皇制をうみだした原構造であると同時に、天皇制以外の、それとは無縁の、さまざまな解放への幻想（例えばミクロ信仰、世直し思想など）や、天皇制と拮抗する中山ミキらの変革的宗教思想をうみだした原構造でもあったのである」(15)と述べる。さらに色川は、1968年に武蔵国多摩郡深沢村（現五日市町）の深沢家の土蔵で発見した条文二百四条をもつ人民憲法草案（起草者・千葉卓三郎）に衝撃を受ける。色川は、「日本における近代的自覚（近代思想）への歩みが、世の明敏なインテリ評論家たちの予断とはちがって、（その根拠となった日本知識人の思想形成の方法ともちがって）、底辺における泥まみれの伝統の中から、民衆自身の体験にもとづく支配思想の独自の読み替え＝伝統の革新的再生を通じて

（西欧思想はその読み替えの刺戟＝きっかけをあたえるにすぎない）、着実に踏みだされていたということの実証的な確認」[16]であった。「西欧思想はその読み替えの刺戟」という指摘は深く受け止める必要があろう。さらに色川は、学校教育と天皇制の関係にも言及している。同書の第8章「精神構造としての天皇制」の中で、「天皇制は精神構造としては不可視の巨大な暗箱である。日本人は知識人も大衆も、その四隅の見えない暗箱にいつのまにか入り込んで、なぜ自分たちがこれほどまでに苦しまなければならないのかを知ることもできず、詠嘆しつつ死んでいった。そうした幻想の状況、しかも、そうした全状況の対象化をゆるさない内縛の論理が、大衆の側にあることの方が恐怖なのである。」[17]と述べ、さらに、「廃藩置県、学制制定、徴兵令、地租改正と、明治初年の大改革が進行するにつれ、絶対主義と近代的機能主義とを包摂していった天皇制は、その内部において自由民権運動の抵抗を排しながらも、一路理念的な完成をめざして幻想領域を拡大していった。」[18]と述べる。

　以上のように、前述した田中の提起したキリスト教の西洋的価値の視座ではなく、鹿野や色川の提起している視座が重要と考える。ここで大正新教育の評価に大きく問題提起した小針誠（2015）を取り上げる[19]。小針は、「通説」を批判的に検討して、「国家の教育」と「国民（市民）の教育」を二項対立的にとらえる見方を批判し国家の教育を悪玉、国民（市民）の教育を善玉とみる戦後教育学の歴史像を否定する。そして、新教育と戦時総力戦体制下の教育（国民学校制度）とを対立させて捉える分断史観を批判し、「子ども中心主義や大正新教育運動そのものやその研究史を批判的に問い直し、特にその後の総力戦体制下の教育との関連（つながり）を考察してみたい」[20]と述べる。筆者は明治の自由民権運動の明治国家批判を通して自由や民主主義の思想が大正新教育に継承されたと考えているが、鹿野や色川の指摘する民衆の精神構造まで射程に入れて考えるべきことを学び、さらに小針の指摘から大正新教育の思想と運動がその後の昭和期の総力戦体制に連続すること、深い関連性を持つことに自覚的でなければならないことも学んだ。従って、近代日本の自由や民主主義の思想

と運動を明治期から昭和期までトータルに把握する構造的な方法意識が求められていると考える。

3　明治・大正・昭和期の一公立小学校の実践事例──福井市宝永尋常小学校と川端太平校長

　具体的な事例として福井市の公立小学校である宝永尋常小学校の歴史と6人の校長の歩みを取り上げるが、『福井市宝永小学校百年史』(1988) が出版され、特に6代目校長の川端太平（1894〜1972）が書いた『学校経営の理想と実際』（1930）を分析の対象とする。本書は、内容的に「精神構造としての天皇制」が多く見られ、同時に大正新教育の思想構造もあり、両者が混在している。そこでの子どもへの着目や学校教育のあり方が、天皇制の枠組みを突き抜ける可能性が存在したかどうかが問われる。史料調査によって、宝永小学校に貴重な資料『学校沿革誌』（複写本）の存在を確認した[21]。『福井市宝永小学校百年史』は主にこの史料にもとづき書かれているが、以下の記述も主にこの史料に依っている。以下、(1) 天皇制との関係、(2) 大正新教育、(3) 川端太平『学校経営の理想と実際』の分析、の3つの柱で考察していく。

(1) 宝永小学校における天皇制との関係

　第1代吉田校長時代には明治20年11月6日に森有礼文部大臣来校、明治24年1月1日に新年拝賀式、同2月21日に教育勅語の謄本下賜が記録。第2代稲澤校長時代には明治26年2月11日に天皇陛下・皇后両陛下の御真影複写の下賜、第3代村田校長時代には明治33（1900）年10月30日に教育勅語発布第10回記念日として朝会式が開始。第4代石川校長時代には明治38年11月の「寳永教育会主意書」で「神州日本の忠君愛国の精神」が強調され、明治41年11月13日には小松原文部大臣来校、翌明治42年3月30日には文部省より優良学校として表彰。明治45年7月30日には「天皇陛下御崩御につき授業を休止」とあり全児童を招集し校長の訓話。大正9（1920）年10月30日には教

育勅語渙発30周年記念日を祝す。第5代鈴木校長時代には大正10年11月29日に世界的思想の影響を受けた結果、児童一般に祖先崇拝の念が薄らぎ朝夕神仏を礼拝する者が少ないことを危惧する校長の談話がある。この世界的思想の影響とは大正デモクラシー・新教育のことではないかと推測される。第6代川端校長時代には昭和6年4月10日に御真影奉還式、4月20日に御真影奉戴式を挙行。更に昭和7年10月23日から27日まで本県下で行われた陸軍特別大演習統監のため大元帥陛下が行幸し児童が福井駅で歓迎と記録。

　以上のように、第1代から第6代の校長に至るまで教育勅語や御真影について詳しく記録されている。これにより天皇制の儀式が地方の一公立小学校においても深く浸透していることが理解できる。

(2) 宝永小学校における大正新教育

　第2代稲澤校長時代はヘルバルト教授法を取り入れていること、第4代石川校長時代でもヘルバルト教授法を受容しているが、同時にペスタロッチの直観教授の影響も受けている。『学校沿革誌』に「児童の心身発達」や「個性の発達」という言葉が出てきていることは子どもたちへの尊重や配慮の可能性がうかがわれる。大正2年2月の記録に「雑誌類ヲ読マシムルノ可否／自由ニ読マシムルコトハ弊害多キコトニ意見一致セリ」[22]とあるように大正新教育の影響が学校現場にも及んでおり、この対応について石川校長時代は慎重論が多かったと推測できる。この点は第5代鈴木校長時代では新教育への積極的な関りがみられる。つまり、大正11年8月の福井市の教育会主催の夏期講習会での奈良女子高等師範附属小の木下竹次主事の講演を契機として、宝永小では「大イニ教育新思潮ヲ加味シタル学習法ヲ研究」[23]とある。大正11年度から鈴木校長をはじめ多くの訓導が奈良の附属小を参観し、大正13年4月15日にはパーカースト女史が来校したことも大きな影響を与えた。奈良以外にも福井師範附属小や三国尋常高等小学校にも積極的に参観していることは、大正新教育がかなり浸透していたのではないかと推測される。

(3) 川端太平『学校経営の理想と実際』（1930年）の分析

①本書の表紙について

表紙にはスイスのシュタンツにおいて孤児院の院長になったペスタロッチの絵が掲げられている。川端が表紙にこの絵を掲げた真意はどこにあったのか。川端が貧しい子どもたちのために生涯をささげたペスタロッチの生き方に共感したことは推測でき、このような熱い思いが川端にあったことは確認しておきたい。

この原画については丸山恭司が解説している⁽²⁴⁾。川端太平がどのようなルートでこの原画の複製を入手したのかは不明だが、かなりの関心をもって入手したと推測できる。

②天皇制の思想構造

最初に本書において川端が天皇制をどのように位置づけていたのかを確認しておきたい。本書の最初の頁に以下の文書があり、川端は文書を重要なものとして位置づけていたと考えられる。「神勅」「五箇條ノ御誓文」のあとに勅語関係である。

神勅／五箇條ノ御誓文　明治元年三月十四日／勅語　明治二十三年十月三十日　御名御璽／詔書　御名御璽　明治四十一年十月十三日／詔書　御名御璽　摂政名　大正十二年十一月十日／朝見式ノ勅語　御名御璽　昭和元年十二月二十八日

「序」において川端は教育の本質や教師の在り方を主張する。この思いには、表紙のペスタロッチの生き方に共感した川端の率直な生き方や姿勢が表れている。つまり、「人を教育することは、その正しい発展を助成し、促進することである。児童の自発性は教育の根底であり、助成の原動力は教師の人格中に潜む。教育徹底の第一義は、教育者の自身の充実であり、創造であり、自己の発展向上である。自己の修養が閑却され、愛と熱との泉の涸れた時、教育は魂なき形

式の技巧と堕落する」[25]。ここで強調されている「児童の自発性」という言葉、及び「教育者の自身の充実であり、創造であり、自己の発展向上である」という教師への熱い思いは、川端自身が教師として、校長として自覚的に歩んできた道といえる。これらの思いと、前述した「勅語」で構成された天皇制への姿勢は同時に川端の中に共存していることがわかる。当時の天皇制思想、思想構造としての天皇制は、自己の中に矛盾なく共存していたのではないか。天皇制の果した役割は、教育勅語に端的に表現されているように、天皇を中心とした家族国家観であり、天皇のためには身を犠牲にする精神である。これが、戦時中にはファシズム思想となり他国侵略や人権侵害の行為となったが、当時の人々は川端も含めて、前述した色川の言う「不可視の巨大な暗箱」であり、「そうした幻想の状況、しかも、そうした全状況の対象化をゆるさない内縛の論理が、大衆の側にあること」が、そのような選択を強いたのではないか。一方で、川端の思想性には子どもと教師に対する深い愛情がみてとれる。この深い愛情の根底には表紙絵のペスタロッチの思想性と共通するものが確認できよう。

　川端の天皇制認識は第1章の「国体に関する信念の確立」でわかる。1923（大正12）年11月の「国民精神作興ニ関スル詔書」は、1918（大正7）年の米騒動を契機に民衆運動が組織化と高揚の時期を迎え民本主義や社会主義などの思想と運動が広がる中で、1923年9月1日関東大震災が発生し、第二次山本権兵衛内閣は大震災後の混乱の中で危機感を強め、民本主義や社会主義などの思想に対抗するために天皇の名において出された詔書である。前述した本書最初の勅語関係の中に「詔書　御名御璽　摂政名　大正十二年十一月十日」とあるのがこれである。川端は、「殊に動もすれば三千年の歴史に立脚する崇高なる皇統無窮のわが国体に背き、民族精神を背景とする国情に悖るが如き思想を懐く者が、僅少にも発生したことは由々しい問題である」[26]と述べることから、川端の思想が推測できる。このように天皇制の思想構造が川端にも深く浸透しているのである。

③教育論・子ども論・教師論

　本書においてペスタロッチや直観教授に関して触れている該当箇所として、川端は、「児童の生活境地であり、直観の世界であり、体験の範囲である福井地方の、自然的教材と文化的知識とは、学習の出発点であり帰結点である。／郷土の直観的知識は、感銘と興趣を深刻ならしめ、愛国心の根柢である郷土愛を濃やかならしめる。具体的・直観的・個性的なものは、情操陶冶の上より見るも極めて尊いものである。地理・理科のみならず、郷土に立脚し直観に出発するのは学習の根本原則である」[27]と述べ、さらに、「品性の陶冶は、実践躬行して、一日一日努力精進するより外、道はない。『生活によって品性が陶冶される』との、ペスタロッチの言は、味いのある訓へである」[28]と述べる。

　川端は、ペスタロッチだけではなく西洋の近代思想家（カントやエレンケイ）にも共鳴し、「立憲思想」や「自主自立の行為と自我の尊厳」を重視し強調していることも確認できる。このような思想性が前述した天皇制の思想構造と共存していることをどのように判断すべきか。第 5 章「学校教育の実際化地方化に就て」では、さらに教育の画一化批判を明確に述べる。「従来の学校教育が暗記偏重の主知的教育の色彩が濃厚であり、教科書本位の口舌の教授、画一的官僚的教育制度と筆答試験制度の侵潤普及、形式的監督主義の教育行政とが、相互に因果の関係をなして、教育全野に古色蒼然たる黴臭と非実用的硬化症状を、多分に保有していたのは、遺憾なる事実」[29]。さらに子どもの自発活動の重視や天賦の性能や人格の完成をめざす教育の重要性についても明確に持論を展開する。「児童の自発活動に立脚して、天賦の性能を充分に伸展し、人格の完成を目標とする教育が、個性をあくまでも尊重し、自発的創造活動を極力助長して、意志の剛健なる独立自主の人格者たらしむる為に、如上の目的に背戻する機械的画一を打破し、実際化地方化を力説高調するは、尤も至極のことで異議のあろう筈はない」[30]それでは川端の教師論はいかなる主張となるか。「国民教育の本旨を了解し、陶冶価値について深い研究を積んだ実力と見識に富む教師でなければ、真の地方化実際化は困難である」と述べ、「教師が学術的造詣深く実社

会についての理解が充分であれば、――更に児童を充分みつめて居れば、いかに抽象的理論的のことを学習せしむるにも、眼前四周の活事実を利用して、批判し説明し又種々の適切なる作業を課して、自発的に考究せしめることも出来る」[31]と教師論を展開する。

以上のように、教育論、子ども論、教師論を展開する川端であるが、大正新教育の思想の受容については深い葛藤が存在したと推測できる。第二篇第四章の「新教育思潮と教育実際家の態度」では新教育の受容について危惧を表明する。「新思潮に対して大なる襟度を示すべきは勿論であるが、呉れぐれも慎むべきは、操守なき盲従と信念なき迎合である。大正昭和を通じてわが教育界の皮相を、送迎に違がないほど幾多の教育思想が流れ来り流れ去ったことか」と警鐘を鳴らし、「創造教育、自由教育、自発教育、芸術教育等の美名のもとに、型の上の浅膚なる模倣と、線香花火式の気まぐれによって空しき犠牲が支払われ、更に教育の健実なる発展をどれだけそこなったことであろう」と結論付ける。この中には、福井県の三国尋常高等小学校の「自発教育」も含まれている。「教育は現実のいきたる問題であって、実際家にはそれぞれ確乎不抜の立脚地があり、牢固たる不動の地盤があるべき筈である」と述べる[32]。川端の前の鈴木校長時代には奈良の学習法から精力的に学び三国小学校の参観も熱心に続けたが、川端校長時代にはそれらの新教育からは距離をとっている。このような姿勢を示した川端であるが、教育実際家は思想のレベルではなく現実の子どもたちと常に触れ合い日々の生活から子どもたちを直視しているところに独自性があることを強調する川端の持論が明確に示されている。「教育学の泰斗よりも大哲学者よりも、教育実際家の貴い處は毎日教育の活事実に直面しその中に生活している点にある。日々の教授そのものには幾多の深刻なる研究問題が包含され、日常の児童との接触によって溌溂たる教育体験が深められている譯である。何人よりも多く深く生きたる児童を認識している点に教育実際家の唯一の強みがある」[33]。

三国尋常高等小学校の「自発教育」を牽引した三好得恵校長の次男である秋

田慶行が著書『三好得恵と自発教育』(1979)で以下のように批評していることは注目しておきたい。「篠原的新教育（篠原助市の教育学理論―引用者注）の流れと方法に共鳴しながらも当時の新教育批判の中で旧教育との調和を試み、当時の労作教育、公民教育、郷土教育をその線上で吸収して独自の方針を定めたものとみることができ、具体的なことはあまり書いてないがそれを教師の無限の輔補力に求めて具体的実践をはかったものと言えるであろう。そしてこれは昭和初期の教育の特色であり、大正新教育の昭和的変質であり、昭和八年のファシズム抬頭期までの過渡的な性格をも反映していると言える」(34)。秋田は、川端の思想を「大正新教育の昭和的変質」と批判する。確かに川端の新教育批判は深く吟味する必要があるが、「何人よりも多く深く生きたる児童を認識している点に教育実際家の唯一の強みがある」と述べる川端の思想性、子ども認識を全体としてどのように理解したらよいのか。天皇制の思想構造と子ども認識・教師論の全体像を再構成し子どもの視点から天皇制を凌駕する可能性について今後考えていきたい。

おわりに

本稿は以下の諸点にまとめることができる。

① 大正新教育研究の先行研究の中では、橋本美保や田中智志らのキリスト教思想の視点の提起は斬新であるが、民衆史研究の鹿野政直や色川大吉の研究を踏まえて、民衆の思想構造と天皇制の思想構造とを視点にすべきである。

② 事例研究として福井県福井市の宝永尋常小学校を取り上げ、特に第６代校長の川端太平の『学校経営の理想と実際』を分析した。天皇制の思想構造の中で、大正新教育が重視した子ども認識や直観主義に依拠した思想が、色川の言う「不可視の巨大な暗箱」「対象化をゆるさない内縛の論理」を突き破る可能性を内在させていたのかどうかの判断は難しい。今後の課題としたい。

③　大正期から昭和期への様々な教育運動への連続性と断絶についての視座と、近代日本の自由や民主主義の思想と運動を明治期から昭和期までトータルに把握する構造的な方法意識についても今後の課題としたい[35]。

（謝辞）本研究は共同研究者である常葉大学の鈴木和正准教授から多くの示唆を受けたことに感謝するとともに、貴重な史料である宝永小学校の『学校沿革誌（複写本）』を閲覧させていただいた氣谷達郎校長（当時・現福井市木田小学校長）及び川端太平蔵書等の閲覧を快諾された川端家の川端希世子様に深く感謝を申し上げる。

＜注記＞

(1) 本稿は2023年3月18日（土）に対面とオンラインで開催された日本教育学会中部地区と中部教育学会との共催シンポジウムでの報告をもとにまとめたものである。

(2) 森透（2020）『教育の歴史的展開と現代教育の課題を考える―追究―コミュニケーションの軸から―』（三恵社）

(3) 小針誠（2015）「大正新教育運動のパラドックス―通説の再検討を通じて―」（『子ども社会史研究』第21号）

(4) 同上　21頁

(5) 橋本美保・田中智志編著（2015）『大正新教育の思想―生命の躍動』（東信堂）518頁

(6) 同上書　5頁

(7) 同上

(8) 同上書　21頁

(9) 橋本美保編著（2018）『大正新教育の受容史』（東信堂）319頁

(10) 同上書　318頁

(11) 鹿野政直（1969）『資本主義形成期の秩序意識』（筑摩書房）はしがき（iv頁）

(12) 以上、鹿野政直（1973）『大正デモクラシーの底流―"土俗"的精神への回帰―』（NHKブックス）260頁

(13) 同上書　261頁
(14) 同上書　262頁
(15) 色川大吉（1970）『明治の文化』（岩波書店）13頁
(16) 同上書　48頁
(17) 同上書　265頁
(18) 同上書　269頁
(19) 小針誠（2015）「大正新教育運動のパラドックス―通説の再検討を通じて―」（『子ども社会史研究』第21号
(20) 同上書　21頁
(21) 2022年1月17日に史料調査した時に氣谷達郎校長から金庫に保管してある『学校沿革誌』の複写本を見せていただいた。手書きの文書であり明治初期から戦後までの学校沿革の歴史について記録されている非常に貴重な史料である。B4判の大きさの「複写本」であり「原本」の所在は不明。各頁の左上に算用数字で、手書きで通し頁が書かれており全424頁の大部な史料である（途中欠損の頁がある）。
(22) 宝永小学校『学校沿革誌（複写本）』361頁
(23) 同上　381頁
(24) この表紙絵は丸山恭司（2005）「グローブ画『ペスタロッチとシュタンツの孤児』の複製と伝播について」（広島大学大学院教育学研究科紀要　第三部　第54号）に詳しく紹介されている。
(25) 川端太平（1930）『学校経営の理想と実際』「序」。旧仮名遣いは現代仮名遣いにかえている。以下同じ。
(26) 同上書　1頁
(27) 同上書　33頁
(28) 同上書　166頁
(29) 同上書　9頁
(30) 同上書　10頁
(31) 同上書　15－16頁

(32) 以上、同上書　102－103 頁

(33) 同上書　103 頁

(34) 秋田慶行（1979）『三好得恵と自発教育』（学苑社）390－391 頁

(35) 本稿は先行研究の把握が不十分である。例えば、教育史学会編『教育史研究の最前線Ⅱ』（六花出版、2018 年）の特に第 2 章「日本の近代学校教育　第 4 節　新教育運動と戦時下の教育（清水康幸）」や第 10 章「ナショナリズムと教育　第 1 節　日本におけるナショナリズムと教育（駒込武）」で整理されている諸文献からはさらに学ぶ必要があり、さらに大正期から昭和期にかけての連続性と断絶についても膨大な先行研究から学ぶことを今後の課題としたい。

2 手塚岸衛の再評価と千葉師範附属小学校の教育実践

―『自由教育真義』及び機関誌『自由教育』等を手がかりにして―

1　はじめに―先行研究の批判的検討

　本稿は日本教師教育学会第34回研究大会（2024年9月22日）における報告を踏まえて再構成したものである[1]。本稿の趣旨は、従来の手塚岸衛（1880・明治13―1936・昭和11）の評価が篠原助市（1876・明治9―1957・昭和32）の絶大なる影響下にあったというものであるが、関係の史料を読み込んでいくと、手塚は独自に千葉師範附属小の教師集団と教育改革を展開し、新たな教育像、学校像を創造していったのではないかと考えられる[2]。篠原の影響も否定できないが、基本的には実践家として教育を構想し、独自に教育実践を展開したと考えられる。本稿では、先行研究を踏まえながら手塚像を提示するが、その場合、実践と理論の枠組みを構築したドナルド・ショーン（1930－1997）の省察的実践家像としての手塚岸衛を仮説的に提示していきたいと考える[3]。

　最近刊行された橋本美保編著（2024）『大正新教育の実際家』[4]は多くのヒントを与えてくれる。橋本は、「従来の新教育に関する研究は、体系的な思想や理論を著した学者や思想家、雄弁な指導者ばかりに注目しがちであり、運動の主体であった教師に注目したものは少ない」[5]と述べ、「当時、自ら『実際家』（あるいは実際教育家）を名告った人たち」、つまり「小学校の訓導や校長、中学校や師範学校の教員、幼稚園の保姆など」に注目することの重要性を指摘している。筆者も同じ問題意識を持っている。手塚の著作『自由教育真義』（1922）に篠原が序文を寄せていることから、その影響は否定できないが、「理論」と「実践」の関係において、「実践」が「理論」に先行する、つまり「新たな実践の構築」が手塚と附属小の教師集団によってなされていったのではないかという仮

説で論を展開していきたいと考える(6)。

　手塚を受け入れた附属小の教師集団の存在が大きいが、手塚に生涯寄り添った附属小の中心人物・石井信二は「新教育行脚―千葉から成城へ―」(7)で、大正8(1919)年6月に主事として附属小に赴任した手塚について、「革新的気構えの強い新主事と、従来の教育に安心立命のできない若い附属の訓導たちが、心を開いての語らいであるから、気運はすぐに出来上がってしまった。附属の伝統を改革しよう、やってみよう、ということになった」(8)とある。附属小の教師集団が現状に不満をもち改革志向を強く持っていた中に手塚は飛び込み、大改革の渦が巻き起こるのである。石井は篠原について、「手塚氏の懇意にしている当時大塚高等師範の篠原助市先生に、一同の志を披歴して、学問的基礎づけをお願いすることにした。先生は快諾してくださった」(9)とあるが、石井は「先生の講義を鵜呑みにしたのではない。できるだけ本を読み、できるだけ思索し、お互いに検討しあい指導しあうことも務めた」(10)ともあるので、主体的に篠原の思想を取り入れようとしたといえる。先行研究で興味深い指摘がある。井上弘は「実践が先行し、理論化が後からなされた自由教育」(11)と述べ、「篠原によって理論化される以前に、実践の方はすでにはじまっていた。そして、手塚が自由教育を構想したときの思想と、篠原教育学の思想とは異質のものだった」(12)とも指摘する。近年の研究で田中智輝も「もっぱら篠原助市に多くを負うものとされ、手塚の理論と実践の有機的連関は看過される傾向」(13)と指摘し、「実践とのかかわりのなかで醸成された『自由教育』をめぐる手塚の理論およびその基底をなす教育思想は未だ十分に描き出されていない」(14)とも述べている。

　以上の先行研究から、手塚が篠原の絶大なる影響で理論と実践を展開したという通説は再検討を要すると考えられる。本稿では、ドナルド・ショーンの提起をヒントにして、手塚の実践と理論を考えてみたい(15)。なぜショーンなのか。筆者はかつて福井大学教育学部附属小の実践に長く関わり、同時に長野県伊那小学校の総合学習からも多くを学んできた。その中で痛感したことは、まずは実践そのものをみること、子どもの語りや姿をそのままに受け止めるというこ

との重要性であった。ショーンは技術的合理性の理論を批判的に問い直し、まずは実践の中に入りこみ、実践の視座から理論を捉え返すこと、再構成することの重要性を述べている。手塚の場合も、まずは附属小の実践を受け止めつつ、「自学主義」という子どもを主役とした実践を第一に考えたのではないかと考える[16]。このショーンの視点を組み込みながら、手塚の実践と理論を再構成してみたい。

2　ドナルド・ショーンの提起から「教育実践」を考える

　ドナルド・ショーンは「技術的合理性」から「行為の中の省察」へ、「技術的合理性」の限界の指摘と、「行為の中の省察」、「行為の中の知の生成」「実践の中の省察」など、重要な問題提起を行っている。ショーンは教育の場だけではなく、建築デザイン、精神療法、都市計画など、教育の場以外にも実践と理論の関係を提起していた。手塚の理論と実践の関係を考えるとき、篠原の新カント派の理論をそのままに手塚が受けとめて自由教育の実践を遂行したとは必ずしもいえないのではないかと考える。

　手塚の主著『自由教育真義』(1922)に篠原は「序」を寄せている。「凡て新しい事業の容易に成功すべきものでない限り、理論と実際の間に尚未だ多少の隔りのあるのは当然の事ではあるまいか。恐らく手塚君自身も此の間隔を認め、之を人一倍深刻に意識せられている事と思う」[17]と篠原は述べる。手塚は、『自由教育研究』第1巻第5号（大正15・1926年5月15日）「巻頭言」に「理論と実際」と題して「KT生」と署名し、「理論は学者理論家の研究すべきことで、実際は実地実際家の実現すべきものであるというのは正しい、しかし理論の研究は学者に一任して、吾々はただ実際だけをやっておればそれでよろしいというのは怪しい」と述べるように、手塚は実際家は実際だけでなく理論の研究にも言及すべきと主張し、実践と理論の関係について鋭い指摘をしている[18]。

　ショーンは実践の中から理論を作り出すという視点を提起しているが、手塚は自身の試行錯誤の実践の中から、新たな思想と理論を構築したのではないか。

それは篠原の思想を絶対化するのではなく、千葉の附属小の実践の状況の中から考えられ、生み出された理論ではないかと考える。これについては、以下、石井信二の「新教育行脚」(1955)から附属小の改革プロセスの解明を通して明らかにしたいと考える。

3　石井信二『新教育行脚』(1955)から手塚の理論と実践を考える

　石井信二「新教育行脚―千葉から成城へ―」は、成城学園初等学校が発行した『人間と教育』第6号 (1955) に収録された長文の実践記録である[19]。石井は附属小教師として手塚とともに改革を進め、常に手塚に寄り添い、手塚も一番信頼を置いた教師であり、手塚の最後の自由が丘での実践にも参加した教師である。石井は述べる。「千葉の自由教育の誕生は、二つの原動力から成立した。その一つは手塚岸衞氏が附属の主事としてふ(ママ)任したことであり、他の一つは当時の若い訓導たちのあこがれ」[20]とあり、石井は「大正元年に附属の訓導となって、従来の教育のるつぼに入れられた。当時の教育はいわゆる教授法が教師の生活の一切であるかのようなもの」と述懐している。そして「職員研究会では、教壇の上からいかに子供を巧みに操るか、指導万端の用意がいかに周到であるか」、「私は，始めは、その教育のるつぼにとかされることが、当然のことだとしか思っていなかったが、四年五年とたつ中に、教育はこれでよいものだろうかと思うようになった」、「隔週ごとに行われる職員研究会なるものが、・・・三年五年とたった後を歴史的に反省してみた時に、ちっとも進歩はしていない」。ここで石井は「歴史的に反省してみた」と述べているが、この姿勢はショーンが強調する反省的実践といえるのではないか。さらに石井は、「教授法だけに得意になっている人の顔を見ると、反感さえも湧いてくる」と述べ、「そういうもだえや苦しみを、若い人たちで常に語りあっていた」と当時の教師集団の思いや実態を述懐している。

　大正8 (1919) 年6月に手塚が附属小主事として着任すると、「附属の伝統を改革しよう、やってみようということになった。覚悟はできた。目的は決まっ

た。後は手塚主事を中心にして研究を深め実行を進めて行けばよいのである」（5〜6頁）。さらに、「職員研究会は、まるで面目を一新した。・・・教育の凡てのことが、教師本位から児童本位に考えられ改められていった」（6頁）、「教壇は撤去された。児童用の黒板が備えつけられた。机の配列も変った。時間割もすっかり変った。教えようとすることから、学ばせようとすることになった。」ここでの記述からは手塚主事が着任し、手塚を中心として附属小の教師集団がここぞとばかり、根本的な改造・変革を成し遂げて行った様子がみてとれる。

　手塚と篠原との関係について石井は、「かんじんな教育学的裏づけのないのが寂しかった」ゆえに、前述したように、石井らは、「われわれ実際家が曲りなりにも、一つの主義主張を持って、自由教育のためには、一生を捧げて悔いなしとするまでに信念を得させてくださった」と篠原に深く感謝をしている。さらに、「先生の講義を鵜呑みにしたのではない。できるだけ本を読み、出来るだけ思索し、お互いに検討しあい指導しあうことも努めた」とあるように、篠原を絶対的な存在とするのではなく、自分たちで自主的・自発的に勉強会を精力的に行ったことが確認できる。

　「自由教育」という名称についても議論があった。「この新教育を表わす名称を何と呼ぼうかということが問題となった・・・私は自由を主張した・・・われわれの希う教育は、子供の自発的な創造的な自由活動を培う教育であるのだから自由教育こそは、最もふさわしい名だと思われる」（6〜7頁）とあるように、石井は「自由教育」という名称を強く主張したことがわかる。「自由をルソー流の自由と解するのは、解する方が間違いである。真の自由は、カントの自由である。文化価値の創造が眞の自由である」（7頁）。ここでルソーの自由ではなく、カントの自由、文化価値の創造を述べていることが分かる。この自由教育という名称については篠原の助言も大きかった、「手塚主事は、自由教育が好きであった。そこで最後に篠原先生に、自由教育という名でいいかどうかをうかがって見た。先生は一言のもとに、自由教育がいいといわれた。そこでわれわれの新教育は、自由教育と呼ぶことにきまったのである」。ここでは篠原の影響

が大きいといえるが、「自由教育」の日々の実践は手塚を中軸として附属小の教師集団が日々実践を構想・構築し試行錯誤しながら進めて行ったと考えられる。「教育の理論的基礎づけを進める一方に、その実際面に於ても、研究しては改め、改めては研究していった」（8頁）という。そして、担任制と能力別編成についても、「担任は人格陶冶の立前から六年間の持ちあがりとなった。能力別編成の学級組織も試みてみた」とある。担任の6年間持ちあがりは、子どもとの関係性の深化や6年間の学びのプロジェクトを進めるうえで非常に大事な取組みである。能力別学級編成については示されていないが、いろいろと試行錯誤している様子がうかがわれる。学習の分別扱と共通扱についてもチャレンジしている。「学習は凡て分別学習の自由進度を本体とした。共通扱は、分別学習の足りない所を補正することの外に、次のより高い分別学習を来たすもの」というように、個人の分別学習と子ども同士の関係性が産まれる共通扱の可能性を示している。「自由進度を本体とする教育であるから、どの学級にも自由進度表を備える」とあるように、個人の学習を基本に据えていることがわかる。また修身の改革についても、「修身はまっさきに改革されて、従来の教科書による学習や指導を廃して、子供の実生活を基礎として教育することにした」（9頁）とあるように、教科書に従うのではなく、子どもたちの実生活から出発するという発想が確認できるのである。さらに時間割についても大改革を行うのである。「一時間四十分、二時間続きの制度もやってみた」。休憩時間も五分、十分、二十分といろいろ変えて実践している。非常に重要な自由学習については、「自由学習時を週二時間とり、自発的な自己構成の学習をさせた」とあり、「自由研究日を週一日とってやった」りして、「当時としては、随分思いきったやり方だといわれた」とある。これらの改革については高い理想に燃えていたのであり、「自由の実現、カント哲学の実践、新しく意義づけられた人格完成を目指す子供の教育、この世の中を一層進んだ文化社会へ、その仕事が、自分らの仕事なのである」。ここでも「カント哲学の実践」とあるように篠原の影響は大きい[21]。

　以上を踏まえて石井は、学者としての篠原との違いについて述べる。「学者に

も出来ない所の、われわれ実践家にのみ与えられた教育現場の実践研究、なんと尊く、なんともったいないことなんだろう。そうだ、実際に即した教育研究、それこそが自分の魂打ち込んでの一生の仕事としよう。そうつくづく感じたものである」（9頁）。ここで表現されていることは、まさしく学者ではなく実践家の優位性が自覚的に表現されていると確認できる。篠原助市の教育理論の影響を受けつつも、基本は附属小の教師集団である実践家こそが「実際に即した教育研究」が出来るという確信にあふれた決意表明といえる。

　石井は、続けて「教育の実際的研究」こそが自身の生き方であると表明する。「自分は一生の仕事として、教育の実際的研究に身をささげよう。そしてそれを一人静かに楽しんでいこう、そう思った。私にそういう覚悟が決まったのも、全く自由教育研究のおかげである」（10頁）。これらの石井の叙述をみると、附属小の教師集団の姿勢が推測できる。その実践研究の渦の中に手塚は飛び込み共に協働して学校改革に突き進むのである。これらの附属小の教師集団は県内の学校への浸透も図る。附属小の働きかけで「児童の学習態度が変わり、実績があがって行くので、周辺の学校は、だんだんと一所に研究して行った」（16頁）。また、千葉師範卒業生の「二百人ほどの青年教師」が「理論的にも実際的にも自由教育に自覚と信念をもって出かけて行く」という。附属小の「十八の同人中・・・十人ほどの人は毎週三日間づつ出かけて、それぞれの学校を指導してまわった」ことにより、「二年の後には、千葉県下四百校の三分の二以上の学校が、少なくとも一回以上は直接の指導を受けた」という。「初めは自由教育に反対していた学校も、あべこべに熱心な賛成者になったという現象も起こって来た」。「新教育で実績を上げた人々が、県視学に抜擢されて、今度は県視学として自由教育を呼吸する」という現実であった。

　石井は県下の学校に新教育を拡めるために、「県下十二郡の隅から隅まで歩いた」が、大正11年頃から研究指導の方法を変え、「一つの学校なり、一つの部会なりについて、月一回位として長期に亘って継続するやりかた」（17頁）をとるのである。各学校の実践研究を支援する方法として、単発ではなく、長期に

わたり関わり支援するという方法に変更するのである。学校の実践研究を支援するということは、短期の関りではなく、年単位、それも複数の年単位で関わり支援することが本当に学校改革を目指す姿勢といえよう。「最も永いのは海上郡高神校で、大正十一年頃から始めて、月一回または、一学期二回位にして、昭和三年に東京に出て来てからも、二回ほど行った」とあり、7年にも及ぶ関りである。さらに「自由教育は、二度や三度の講演を聞いたり、二度や三度の実地指導を受けたりした位で、本当に分かる筈はない」と断言する。このような実践研究の支援について石井は、「自由教育が子供の自学を基にして教育するように、教師にも教師の自学を基にして指導することによって、本当の教育が出来る」と述べている。

石井から見た手塚の講演は実にうまく、「学者タイプでないから学問的な深い思索はなかったかもしれないが、自らあみだした自由教育であるから、それの理論と、実際上の問題についての講話は、豊富な内容で、巧みな辯舌で、聴く人をして飽かしめないもの」（17〜18頁）と述べるように、手塚は「学者タイプ」ではないが、「自らあみだした自由教育」実践を踏まえた理論を構築し、それと同時に実際上の問題についても提示するという姿勢は、まさしく実践家における理論と実際を体現したものといえる。この点は、手塚だけに当てはまるのではなく、附属小の教師一人一人にもいえることで、各教師は教科の専門性を持ちつつ、その専門教科の理論と実際の指導を遂行していったと考えられる[22]。

「自由教育の伸展について、手塚主事の辯舌と努力があずかって力あるものであったということは、決して過言ではないと信ずる」（18頁）と石井は述べ、その手塚の自由教育の伸展のために、附属小の「中島、吉田、鈴木の同人も、それぞれ県外に出張して、手塚主事の多忙を補った」とある。中島義一・吉田彌三郎・鈴木源輔という附属訓導であるが、「当時の日本の教育界は、新教育への動向が、ほうはいたる波となって動いていたことは事実」と石井は認識していた[23]。

手塚が日蓮を信奉していたという興味深い記述がある。「千葉時代の手塚主事は、実に教育の権化そのもの・・・自ら日蓮をもって任じておったが、人々もま

た教育界の日蓮として尊敬していた」（18頁）とある。手塚は、「日蓮の信者であり、日蓮が誕生地清澄で宗教改革をやったように、手塚主事も、千葉師範で教育革命をやったのが好一対である」と石井は述べ、「手塚主事は、攻撃をされればされるほど、圧迫を受ければ受けるほど、益々勇気が湧いて出て、真理のために敢然と戦っていったのである。そこもまた日蓮によく似ている」とある。今までの研究では、手塚と日蓮の関係性を指摘したものはあまりなかったと思われるので、貴重な指摘ではないかと思われる。

　石井は、手塚主事の特徴を次のように述べる。①勉強家。「自由教育を始めてからは、常に新しい本を読んで勉強されていた。深い哲学的思索は適しないようであったが、教育に関する本はよく読んでおられた」（18頁）、②勇気の人。「部下には親愛なおやじとしか思われないが、上からの圧迫や攻撃に対しては、実に強かった。また、勇気と共に、根強い性質があった。時には執着しすぎると思われるまで、その根強さを発揮することもあった」（18～19頁）、③革命児としての素質。「信念が強すぎるというか、慾が深いというか、勇気と根気が強いというか、そういう所もあった」（19頁）。

　最後に、石井は自身と手塚の信頼関係について率直に述べている。手塚は「私には何事も打ちあけて、相談された」「よく君の冷静な判断を聞かしてくれといって相談された」「時には中島を呼んで、三人で相談した。或は吉田、鈴木を加えて、五人で相談したものである。中島、吉田、鈴木、石井を自由教育の四天王と呼んだのだそうである」。さらに石井は続ける。「私は功利的な考えは、みじんもなく、相談されるままに助言をし、また自分からも進んで、自由教育のために相談を持っていったりしたものであるが、同人の中には、四天王に対して、ひそかにねたみを持った人もないわけではないような所もあった」。石井の誠実な姿勢や態度がうかがわれる叙述である。

4　手塚岸衛『自由教育真義』の「反省」概念を踏まえて手塚の理論と実践を考える

本書に序文を寄せた篠原助市はいう。「子供は何れも内、理性の光に覚め得るもの」「理性の名による『正当なる厳格』」「私は手塚岸衞君の主張する自由教育をかやうに解している」(24)。ここでは「理性」という文言が篠原の中心的思想である。さらに篠原は「同君と私とは嘗て長らく同一の学校に奉職し、大正六年の夏から大凡1年有半、京都では軒を並べて住み、大正八年私が東京に来た其の同じ月に同君も千葉に転ぜられた。京都にいる間は殊に日夕往来し、教育上の問題について語りあった」（2～3頁）。篠原は東京の高等師範学校教諭、手塚は千葉師範附属小主事となり、研究者（学者）と実践家という立場となり、篠原は、「理論と実践の間に尚未だ多少の隔りのあるのは当然の事ではあるまいか」（3頁）という。理論と実践の間について、「多少の隔り」は「当然」と篠原は言うが、篠原はどこまで千葉師範附属小の実践を本当に理解していたのであろうか(25)。

同書には手塚も自序を書いている。「時に大正八年（九年の誤り―引用者注）七月末であった。憶ひぞ起す、この苦し紛れに駆付けたのが篠原教授のもとであった。事の顛末を叙し、われ等の苦衷を訴えた」（8頁）、「教授はまづ教育主張に賛同せられて、かつ言はれた。『哲学を専門にしかも私催で、小学教員が自発的に講習を開くは、日本では予ははじめて聞く、報酬云々のごときはあへて関するところではない。予でよければ行ってやらう』と」。「報酬」（謝金）は度外視した篠原の姿勢は高く評価できる。しかし、ここでも篠原は千葉師範附属小の実践の質、つまり附属小の教師集団の実践の中身をどこまで理解していたかが問われる。

先行研究（宮坂義彦）に指摘があるように(26)、大正9年7月末に手塚は篠原に応援を依頼したのであるが、それまでは手塚が大正8年6月に附属小主事となり実践した附属小改革は「自学主義」に基づいていた。石井の『新教育行脚』をみると、確かに篠原に理論の応援を頼んでいるが、附属小の理論と実践は手塚の「自学主義」と附属小の教師集団の構築した理論と実践であったと考えられる。

第3部　大正新教育研究の現代的課題

　さて、手塚の『自由教育真義』(1922)の内容を検討しよう。目次では、「前篇　教育欠陥」「中篇　教育主張」「後篇　教育実際」の3つの柱で叙述がなされている。「前篇　教育欠陥」では、7点についての批判がある。「一斉画一」「干渉束縛」「受動注入」「形式教授」「結果主義」「実利主義」「自然自由」の7つであるが、タイトルだけみればある程度批判の中身は推測できる。本書で最も重要だと考えられるのは、「中篇　教育主張」である。10点の主張が展開されている。「自然の理性化」「自由」「創造」「個性純化」「教育即生活」「文化国家」「動向、構成、反省（一）」「動向、構成、反省（二）」「「秩序、責任、服従」「秩序、責任、服従（二）」。筆者が特に注目したのは、最初の「自然の理性化」であり篠原の影響が確認できるが、さらに注目したのは、「七、動向、構成、反省（一）」「八、動向、構成、反省（二）」である。ここでの「反省」は何を意味しているのであろうか。手塚は篠原の指導を受けながら自らの自己主張を展開しているが、この2項目は手塚の考える教育実践の主張であり実践の展開のプロセスが書かれていると推測できる。特に、「反省」というキーワードは、ドナルド・ショーンの主張する「省察」を連想することができる。もちろん、手塚はショーンよりも50年前に産まれていて、時代的に接点が全くないのであるが、ここでいう「動向、構成、反省」の中身を吟味していきたい。

　「七、動向、構成、反省（一）」によれば、「動向」は「断えず学ばんとする意志の振ані」[27]であり、「目的の自己定立にして形式的の自由」と述べる。「構成」は「理性の支配に従う活動」であり、「雑多の統一にして実質的自由への道」と述べ、「反省」は「規範の規正を内に眺めて覚むる」ことであり、「自己批判の自覚」とする。そして、「児童をして自己動向による自己構成をなさしめ、さらに自己反省をなさしめて、しかる後、規範を体して行動し思索する自由の体現者たらしむるより外には教育はありえない」（132頁）と主張する。この「自由の体現者」という表現に注目したい。

　ここで展開されている叙述の意味は、子どもたちが、動向、構成、反省を通して、「自由の体現者」となることであり、それを実現するのが「教育」であると

主張する。そして、「かの予備、提示、整理というがごとき形式段階は、あまりに教師の教授本位にして、児童の自主的学習を原則とせざる命名ではないか」とヘルバルト教授法を批判する。「伝達を生命とせる従来の教授では、教師は予備段に於て常に目的を指示して、児童自身に目的を定立せしめず、・・・みづから学ばんとする意志の振起に緩慢である」という現状の学びを批判する。そして、「教育とは教授であり、伝達であり、授与であるとの謬見を打破して、今は実に児童それ自身の動向であり、構成であり、反省であるとの、自由教育にまでの、根本的改造を企図すべき秋に到達している」（133頁）と主張する。まさしくここで、手塚は現状の教師主導のヘルバルト教授法を根本的に批判し、子どもたちが「動向、構成、反省」を通して「自由教育」の体現者となることを力説しているのである。

　さらに説明は続く。「動向とは活動或は努力の意識の伴うところの、具体的の心意状態」であり、「学習動向とは断えず学ばんとする意志の能動的態度」とする。つまり、子どもたちが主体的に学ぶ意志の能動的態度こそが重要だと主張するのである。さらに「学習動機を分って外部的、内部的の二とする」（138頁）とし、「外部的動機はこれを競争、賞罰、利用」であり、「われ等はかかる外部的動機に満足することはできぬ」と述べる。これに対し、「内部的動機」については「好奇心」（139頁）とし、「学びたいから学ぶ。知りたいから知る」であり、「名誉や快楽や得失の意識に導かれずして、内より外に向って断えず行動せんとする強き衝動に基く」とある。この点は非常に重要である。子どもたちの「好奇心」を中軸におき、「学びたいから学ぶ」「知りたいから知る」という学びは、まさしく大正新教育が目指す子ども本位の学びである。そして、「外部的動機は内部的動機に従属すべき地位にあり、前者は後者への道であり、前者は方便であり副であり、後者は本体であり主である」（140頁）と述べる。結論として、「学習動機なる語感に嫌たらずしてあへて動向とよぶの真意は、当校教育要覧方法信条中の『学習動機は徒に外部的功利に、求めずして、学習を怡悦し敬愛し嘆美し、不断の執意と追求的興味に則るを本体とす』とあるに、その要は尽

くしてある」（141 頁）と述べる⁽²⁸⁾。ここでは、なぜ「動機」ではなく「動向」と呼ぶのかを説明している。

次に「八、動向、構成、反省（二）」によれば、「構成」と「反省」についての詳しい解説があるが、ここでは特に「反省」概念について吟味していく。「理性は進むべき道を示すとともに、退いて反省する力をもつ。反省するとは自己還元である。自己還元とは実は自己発展である。・・・反省とは実は退くのではなくして進むことなのである」（146～147 頁）とある。つまり、手塚はまず「理性」について論述し、理性は進むべき道を示し反省する力を持つという。そして、反省とは「自己発展」であり「進むこと」と強調する。「反省は次第に人を自由の方向へ押進め、次第に自覚を高次元に押揚げる道となる」（147 頁）と結論付ける。つまり、手塚にとって「反省」とは、後ろを振り返ることではなく、「人を自由の方向へ押進め」「自覚を高次元に押揚げる道」と定義づけている。これらから手塚は「反省」概念を「自由」や「自覚の高次元」と位置づけ、また「存在を当為にまで近づかしめる作用」が「反省」と主張する。そして、「一段と規範に目覚める。これが自覚であり自由である」とし、「心からの反省によって自覚は自覚を呼び、次第に大なる自覚に向うし、自由は自覚の連続発展によって、さらに不断に顕揚される」（147～148 頁）という。

「自由教育が学習にも訓練にも著しく反省を重んじようとするのはこの謂からである。」「行為は反省を要求し、反省は行為を予想する」「われ等の教育方法信條中に『考えつつ為し、為しつつ考ふることによりて学ばしむ』とか、『児童の試行し苦心せざる前に當ては、勉めて何事も教えざらんとするの態度に出づべし』とかあるのは、行為と反省の連続的一体感からの主張から生れた」（148 頁）と述べる。ここでいう「われ等の教育方法信条中に『考えつつ為し、為しつつ考ふることにより学ばしむ』という表現は、デューイの主張する「為すことによって学ぶ」という思想を想起させる⁽²⁹⁾。デューイ（1859—1952）は手塚よりも 20 年近く早く生まれ、日本にも思想的影響が大きく、特に大正新教育に絶大な影響を与えた。手塚は、デューイの著作から学んだという明確な記録はま

だ見当たらないが、『第二十六回教科研究会　教案及び講演要項』(大正9・1920年6月) には関連記事がある(30)。手塚は、何等かの影響をデューイから受けていたのではないかと推測できる。ここでいくつか、具体例で手塚が批判している事項をあげてみる。「児童に進むべき道をのみ教えて反省せしめることを忘れ、行はしむるに急にして内省せしむることを欠き、拙速軽噪にして遅完熟慮ならず。」(148頁) と述べ、「反省」「内省」の重要性を指摘する。算術では、「計算の迅速をのみ逐うて験算をすら忽にする算術教授」、綴方では、「書きあげて読み直しもさせぬ綴方教授」、書方・手工・修身では、「書方にも手工にも自己訂正がなかったり、修身が訓示ばかりで児童自身の嘉納や悔恨が伴わなかったりして・・・」「「教ふるよりも悟らしめよ」との反省教養を逸したるは現今教育の痛嘆すべき通弊の一である」(148〜149頁) という。

　結論として、「動向は知にまで行にまでの目的定立の意志の振起」「構成とは理性による雑多の統一、即ち知り行うの活動」「反省とはその活動に対する省察批判の作用」(149頁) とあり、「反省」概念に「省察批判の作用」という表現が現れる。ショーンの反省的実践家に通じる表現といえよう。「教師の批判は児童の反省である。児童の反省は自己批判である。批判も反省も規範に対する内面考察であるから実は同一作用である。教師の批判によって児童の反省は、さらに奥へ奥へと内展していくのである。しかく反省を深むることによって、次第に規範に規正せられて、知と行との自由は、次第に向上することになるのである」(150頁)。ショーンが「省察」(reflection) を重視し、行為と省察を常に意識して教育実践を構築していったが、ここで手塚が展開する主張は、このショーンの主張に近いものがあると考えられる。

　手塚は述べる。「児童が自己構成の結果について反省するに、規範に醒むることの正しきか正しからざるか、はたまた深からざるかによって、ここに教師の厳正批判が行はれなければならぬ」(150頁) として、「教師の批判は児童の反省である。児童の反省は自己批判である。批判も反省も規範に対する内面考察であるから実は同一作用である。」、「教師の批判によって児童の反省は、さらに

奥へ奥へと内展していく」、「しかく反省を深むることによって、次第に規範に規正せられて、知と行との自由は次第に向上することになるのである」——これらの主張から、児童（子ども）の「反省」と「自己批判」を重視し、「教師の批判」、教師の関わり、働きかけが不可欠であることが確認できる。子どもと教師の関係性が示唆される。

5　手塚の教育構想の集大成としての「教育要覧」

　手塚が大正8年6月に附属小に主事として着任し、その後附属小の改革に附属小の教師集団と共に邁進する。その教育理念や教育構想を構築し改革していく中で、その集大成として「千葉県師範学校附属小学校要覧」が作成されたと考えられる。以下、その中身の特徴を確認し、手塚と附属小の教師集団の集大成としての教育構想を明らかにしたい[31]。

　まず、復刻版の「自由教育」第6巻に収録されている要覧には、以下の3点が確認できる。

①　「千葉県師範学校附属小学校教育要覧」（大正十年五月第三版）
②　「千葉県師範学校附属小学校教育要覧」（大正九年十一月第一版、大正十一年六月第十五版）
③　「千葉県師範学校附属小学校教育要覧」（大正九年十一月一版、大正十一年十二月二十版）

内容的には③の「教育要覧」が何度かの改訂を踏まえての大正11年12月時点での集大成と考えられるので、③の内容を「教育要覧」の集大成として確認しておきたい。基本的にこの3点の「教育要覧」とも構成としては変わらないが、③では、「一、教育主張、二、方法信條、三、教科事項、四、施設概要、五、教育参考、六、自由教育参考書、七、自由教育児童学習書、八、教育後援、九、柏楊会」の9項目が書かれている。

　「一、教育主張」では、フィヒテから始まり、「自我はその本質として自己の作用を対象として自己が自己を内省する自覚を有す。・・・教育は自然を理性化

する作用なりとは東北大学篠原教授の説く所、人は己が理性に従ってより大なる統一を求めつつ、無限に連続発展す。」と述べ、結論として、「自由教育の主張は児童をして己が理性に従って自己を決定し、生活の各方面に於ける自由を獲得し、実現せしめんとするに外ならざるなり」とある。ここでは、篠原助市の理念を踏まえながら、「自由教育」の主張をし理論的な根拠は篠原に依拠していることが確認できるが、以下の具体的な改革ビジョンは、手塚と附属小の教師集団が独自に描いたビジョンといえるのではないか。

「二、方法信條」では、19点について書かれているが、特に注目すべきは、「二、一切の教育的活動に於て児童主位にして教師客位に在るべし。少くとも児童自身をして自己を教育する自主的態度を執らしむるを要す」、「三、児童の為し得るものは教師断じて之を為さず。児童の試行し苦心せざる前に當たっては、勉めて何事も教へざらんとするの態度を執る」、「四、教育環境を作り常に児童をて(ママ)（して）事物及び理法に直接せしめ、考えつつ為し為しつつ考ふることによりて学ばしむ」。この叙述については前述したが、子ども主体のあり方とそれを支える教師のあり方を強調している。

前述した手塚の「動向、構成、反省」についても次のように明記されている。「八、児童をして断えず学ばんとする意志を振起し、分解総合の過程によりて統一せしめ、其結果につきて更に深く自己内省をなさしむ。かくして動向、構成、反省を以て教育進程の三大順路となす。」

その他、「三、教科事項」では、修身科からはじまり、14番目の「直観科」まで在るべき教科の姿が示されていること、「四、施設概要」では、20項目について附属小の教育を支えるシステムについて明記されており、非常に重要な内容であるので見出しだけ紹介する。「一、学級編成、二、学級経営、三、授業時と休憩時、四、自由学習時と自由学習日、五、自学室、六、自由講座、七、学習板、八、発表板、九、自治集会、一〇、学級自治会、一一、役員会食、一二、学校節句、一三、教授細目、一四、成績考査と通知簿、一五、学年と年生、一六、実力検定、一七、学級精神、一八、体育奨励、一九、服装改良、二〇、学校開放」。

「五、教育参考」では、大正9年9月に東京日々新聞に報道されて以来の自由教育について取り上げた新聞雑誌を105点にわたって取り上げている。

以下省略するが、「教育要覧」では、冒頭に篠原助市の思想に依拠したことが確認できるが、具体的な改革ビジョンの全体像は手塚と教師集団が自らの実践を独自に具体化し構想したといえる。この文書は附属小学校の教育構想の全体像が示されている非常に重要な文書であり、この「教育要覧」に基づいて、手塚と附属小の教師集団は教育実践と教育改革に精力的に邁進したと考えられる。

6 おわりに

手塚岸衞の妻の手塚文子は雑誌の発行の代表者として常に夫の手塚岸衞を支えたが、大正15・1926年2月3日に病のために死去した。石井は追悼の言葉を寄せている[32]。手塚は妻の死にもかかわらず、教師としての生涯を千葉師範附属小に献身的にささげた。それを附属小の教師集団が支え、手塚と教師集団が一つのコミュニティを形成していたと考えられる。篠原助市の理論的影響は否定できないが、理論家・思想家である篠原と、実践家である手塚とは同一ではない。千葉師範附属小の「自由教育」実践を生み出し、構想し、実践したのは篠原ではなく手塚と教師集団である。手塚は思想家・理論家というよりも、実践家であり、革命家であったという石井の評価が正鵠をえていると考えられる。手塚は初めての著作である『自由教育真義』の中で、「動向、構成、反省」という主張を行い、教育実践の形成プロセスを構築している。とりわけ「反省」概念は、ドナルド・ショーンを想起させる内容を示していると考えられる。子どもたちや教師が、自らの実践をふりかえり、反省する、省察することの重要性を主張するのである。このような教育実践の本質にかかわる概念提起は、手塚の実践家としての醍醐味を表していると考えられる。このことは、「教育要覧」で附属小の教育構想の集大成としての改革ビジョンが示されていることからも確認できる。

大正8(1919)年6月に千葉師範附属小に主事として着任し、大正15(1926)

年3月に大多喜中学校長として転出するまで、全身全霊を注ぎ込んだ附属小での教育実践は、手塚の教師像、反省的教師像を構想・構築したといえる。橋本美保が大正新教育研究の現段階において理論家・思想家ではなく、具体的な実践に生涯をささげた実践家こそ取り上げるべきという見解に筆者も同意するものである[33]。大正新教育研究の現段階を考えるとき、実践と理論の関係性を問い直し、ドナルド・ショーンの提起も受け止めつつ、大正新教育研究の新たな地平を切り開く段階にきていると考える[34]。

＜引用文献＞

石井信二（1955）「新教育行脚―千葉から成城へ―」『人間と教育』第6号、成城学園初等学校

宮坂義彦（1967）「手塚岸衞と自由教育―自由教育の成立過程における手塚岸衞の役割―」（『教育学研究』34－1）

中野光（1968）『大正自由教育の研究』黎明書房

中内敏夫（1973）『近代日本教育思想史』国土社

松井春満（1978）「大正教育と新カント学派―篠原教育学と手塚岸衞の実践をめぐって―」（池田進・本山幸彦編『大正の教育』第一法規）

中野光（2008）『学校改革の史的原像』黎明書房

田中智輝（2015）「手塚岸衞の「自由」概念―千葉師範附属小における「自由教育」の実践を通して―」（橋本美保・田中智志編著『大正新教育の思想―生命の躍動』東信堂）

＜注記＞

（1）本稿は日本教師教育学会第34回研究大会（島根大学・2024年9月22日）においての報告「手塚岸衞の再評価と千葉師範附属小学校の教育実践―機関誌『自由教育』等を手がかりにして―」を再構成したものである。

（2）手塚岸衞の評価は、中野光の著作が著名であるが（『大正自由教育の研究』黎明書房、1968／『学校改革の史的原像』黎明書房、2008）、その他の先行研究をみると、評価は必ずしも一致していない。主な先行研究は、①石井信二（1955）「新教育行脚―千葉から成城へ―」

第 3 部　大正新教育研究の現代的課題

『人間と教育』第 6 号、成城学園初等学校、5〜47 頁、②宮坂義彦（1967）「手塚岸衛と自由教育―自由教育の成立過程における手塚岸衛の役割―」（『教育学研究』34-1、28〜37 頁）、③中内敏夫（1973）『近代日本教育思想史』国土社、309〜357 頁、④井上弘（1975）「千葉師範附属小「自由教育」考　第二部　千葉師範附小「自由教育」における理論と実践のあいだの間隔―その理論の形式過程―」（千葉大学教育学部『研究紀要』第 24 巻、67〜82 頁）、⑤松井春満（1978）「大正教育と新カント学派―篠原教育学と手塚岸衛の実践をめぐって―」（池田進・本山幸彦編『大正の教育』第一法規、227〜295 頁）、⑥田中智輝（2015）「手塚岸衛の「自由」概念―千葉師範附属小における「自由教育」の実践を通して―」（橋本美保・田中智志編著『大正新教育の思想―生命の躍動』東信堂、278〜298 頁）。特に⑥の田中は、「手塚の理論およびその基底をなす教育思想は未だ十分に描き出されていない」（279 頁）と指摘している。

(3)　手塚は篠原とは異なり、学者・理論家ではなく、実践家・実際家ともいえる性格で、手塚に一番近い附属小の教師である石井信二が丁寧に手塚の人間像を描いている（注（2）の文献①）。この石井の手塚像をみるとき、附属小の教師群像とともに教育改革を熱心に遂行した手塚の教師像を改めて描く必要があると考える。その場合、附属小の実践に主事として関わり、長く丁寧に改革を進めた手塚は実践家として改めて再評価する必要性があるのではないか。実践と理論の新たな関係性を主張したドナルド・ショーンの「省察的実践家」像を手がかりに考えてみたい。ここで重要な指摘をしておきたい。篠原の『批判的教育学の問題』（1922 年、宝文館／世界教育学選集、梅根悟・勝田守一監修、明治図書、1970）で梅根悟は「解説　篠原助市とその教育学」（218〜287 頁）を異例の 70 頁近い長文で書いている。これは篠原の自叙伝『教育生活五十年』（1956、相模書房）をもとに書かれているとあるが、その解説中の「福井師範附小主事時代」（224〜235 頁）で、篠原が 29 歳の若さで福井師範附属小主事として初等教育改革に尽力し「児童の権利」を主張したことが紹介されている。千葉師範附属小主事として活躍している手塚を支援している篠原にはこの経験が背景にあったのである。篠原は福井師範附属小主事として従来の形式的な教育の改革に情熱を注ぎ、教育雑誌に多くの論文を書いた。同僚として手塚も在職したが、それらの経験が千葉師範附属小の改革の支援に繋がったと考えられる（篠原『教育生活五十年』74〜158 頁

／『福井県教育百年史』第一巻通史編（一）794〜796頁、960〜964頁、創文堂）。
(4) 橋本美保編著（2024）『大正新教育の実際家』風間書房。
(5) 同上、まえがきⅰ、以下同。
(6) 注（3）で述べた筆者の問題意識で論述していく。
(7) 注（2）の文献①石井信二（1955）「新教育行脚―千葉から成城へ―」は、今までの先行研究で数多く紹介されてきたが、手塚と附属小の教師集団の実践と理論の展開プロセスを丁寧に捉えるための貴重な史料といえる。改めて本文献を歴史的に位置づける必要性を強調したい。
(8) 同上、5〜6頁
(9) 同上、6頁。
(10) 同上
(11) 注（2）の文献④＜井上弘（1975）「千葉師範附属小「自由教育」考」68頁＞
(12) 同上
(13) 注（2）の文献⑥＜田中智輝（2015）「手塚岸衛の「自由」概念―千葉師範附属小における「自由教育」の実践を通して―」279頁＞
(14) 同上
(15) ドナルド・A・ショーン、The Reflective Practitioner(1983)／柳沢昌一・三輪健二監訳（2007）『省察的実践とは何か』鳳書房
(16) 手塚岸衛『自由教育真義』（1922）の「教育主張」で、「児童が独自に連帯に常に責任を重んじて、自学し自治し自育するを自由教育となす」（173頁）とある。
(17) 同上「序」3頁
(18) 『自由教育研究』第1巻第5号（大正15・1926年5月15日）「巻頭言」＜千葉師範附属小『自由教育』4／近代日本教育資料叢書　史料篇六　宣文堂書店　1974　復刻印刷＞。また、『自由教育研究』第1巻第2号（大正15年・1926年2月15日）の巻頭言「自由教育徹底運動」においても、「学者の態度もよくなかった。一人にして全然異なる二つの思想や主張を平気で提唱した者すらあった。大正八九年の交に於て遂に実際家は奮起して自己のなす実際教育にそれぞれの基礎原理を求めて、学者の所説には何等関係なくそれぞれの

主張を高唱するに至った。それが世に所謂八大教育主張である。八大教育主張の有力なものはすべて実際家であった。自由教育も正にその一であった」と主張されている。執筆名は書かれていないが、手塚岸衞と推察できる。手塚も八大教育主張で「自由教育論」を主張しているのである。＜千葉師範附属小『自由教育』4／近代日本教育資料叢書　史料篇六　宣文堂書店　1974 復刻印刷＞

(19) 注（2）の文献①＜石井信二（1955）「新教育行脚―千葉から成城へ―」『人間と教育』第6号、成城学園初等学校、5〜47頁＞。注（7）で述べたが、本史料の実践史における意義を改めて強調したい。

(20) 同上5頁、以下煩雑になるので、本文献の引用は本文に頁数だけ示す。

(21) 以下に述べるように、ここで展開されている附属小の改革ビジョンは「千葉県師範学校附属小学校教育要覧」（大正九年十一月一版、大正十一年十二月二十版）に詳しく提示されている。

(22) 『自由教育研究』第1巻第1号（大正15・1926年1月15日）の「各科教育の新傾向」の「修身」については石井信二が書いている。附属小の教師集団はそれぞれ自分の専門とする教科を研究していた。石井は『修身の自由教育』（東京寳文館）、『自由教育に於ける徳育の問題』（同前）、『自由教育の根本問題』（同前）を出版している。＜千葉師範附属小『自由教育』4／近代日本教育資料叢書　史料篇六　宣文堂書店　1974 復刻印刷＞

(23) 附属教師である中島義一は『自由教育の諸問題』（東京寳文館）、『子ども認識論林檎の味』（同前）、吉田彌三郎は『低学年に於ける自由教育の実際』（同前）、鈴木源輔は『讀方自由教育の原理と実際』（同前）を出版し、それぞれの専門性を踏まえた研究を行っていることがわかる（『自由教育』大正14・1925年5月号、「本校著書目録」120頁より）。＜千葉師範附属小『自由教育』3／近代日本教育資料叢書　史料篇六　宣文堂書店　1974 復刻印刷＞

(24) 手塚岸衞（1922）『自由教育真義』2頁、以下の本文献からの引用は本文に頁数だけ示す。

(25) 注（3）に述べたように、篠原は福井師範附属小主事としての初等教育改革に尽力した経験があったが、篠原はその経験を前面に出してはいない。附属小主事のあとは、学者・研

究者の道を選ぶのであるが、実践と理論の関係は、手塚だけではなく篠原も生涯のテーマであったと考えられる。

(26) 注（2）の文献②宮坂義彦（1967）「手塚岸衛と自由教育―自由教育の成立過程における手塚岸衛の役割―」（『教育学研究』34－1、28～37頁）

(27) 手塚岸衛（1922）『自由教育真義』132頁。 なお、手塚は『自由教育研究』第1巻第2号（大正15・1926年2月15日）の「自由教育学習観」で、「創造の論理的進程をば動向構成反省の三となし、之に対する助成の順序を刺戟暗示批判となす。かくして教育は教授と学習の相互作用と断ずる」（2頁）と主張する。＜千葉師範附属小『自由教育』4／近代日本教育資料叢書　史料篇六　宣文堂書店　1974復刻印刷＞

(28) 『千葉県師範学校附属小学校要覧（大正十一年十二月）』の「二、方法信条」に「九、学習動機は徒に外部的功利に求めずして、学習を怡悦し敬愛し嘆美し真理を要求する不断の執意と、追求的興味に則るを本体とす」とあるが、「真理を要求する」という文言が挿入されている。＜千葉師範附属小『自由教育』6／近代日本教育資料叢書　史料篇六　宣文堂書店　1974復刻印刷、39頁以降＞

(29) 『千葉県師範学校附属小学校要覧（大正十一年十二月）』の「二、方法信条」に「三、児童の為し得るものは教師断じて之を為さず。児童の試行し苦心せざる前に當つては、勉めて何事も教へざらんとするの態度を執る」「四、教育環境を作り常に児童をて(ママ)（して）事物及び理法に直接せしめ、考えつつ為し為しつつ考ふることによりて学ばしむ」とある。

(30) 『第二十六回教科研究会　教案及び講演要項』（大正9・1920年6月）にデューイの言葉が紹介されている。「今の教育に於ては、あまりに夥多なる、而かも生硬なる材料を詰め込んでいる。・・・必要の生じたときに、どうしたならば、知識を獲得することが出来るかを発見せしむることが、学校に於ける教授の真個の目的である。知識の伝達それ自身には何等の意義もない。」（34頁）＜千葉師範附属小『自由教育』6／近代日本教育資料叢書　史料篇六　宣文堂書店　1974復刻印刷＞

(31) 千葉師範附属小『自由教育』6／近代日本教育資料叢書　史料篇六　宣文堂書店　1974復刻印刷に、3点の「教育要覧」が収録されている。

(32) 『自由教育研究』第1巻第2号（大正15・1926年2月15日）巻頭の「御知らせ」（2月

6日付）で柏楊会同人名で手塚の妻・手塚文子の逝去を告示した。同号の末尾に「手塚先生奥様のご逝去を悼む」として石井が追悼の言葉を寄せている（46〜47頁）。＜千葉師範附属小『自由教育』4／近代日本教育資料叢書　史料篇六　宣文堂書店　1974復刻印刷＞

(33) 前掲・橋本美保編著（2024）『大正新教育の実際家』風間書房＜注（4）と同じ＞

(34) 注（3）で述べたように、篠原は学者・研究者として大成する前に福井師範附属小主事としての経験があり、それを踏まえた同じ主事としての手塚をサポートしたと考えられる。篠原助市『教育生活五十年』（74〜158頁）には福井師範附属小主事としての篠原の実践が書かれているが、当時の形式主義の教育を改革するために教育会雑誌等に論文を執筆している。手塚の千葉師範附属小での実践と比較すると、手塚は附属の教師集団と協働して附属小の学校システムの改革に尽力し、千葉県における「自由教育」の普及拡大に奮闘した。それらの活動は機関誌『自由教育』『自由教育研究』等にみられる。改めて実践と理論の関係を考える時、篠原の福井師範附属小主事時代と、手塚の千葉師範附属小主事時代を比較すると、手塚が一人ではなく、教師群像のコミュニティの中で、実践を展開し理論化も行い、それらは「教育要覧」に象徴的に表現されている。同僚の石井信二の実践記録も手塚の人間像を詳細に示している。以上から、篠原とは異なる手塚の附属小での教育実践の独自性が確認できるのではないかと考えられる。

初出一覧

＜本書に転載をお認めいただいた関係機関に深く感謝致します＞

第1部

1　福井県高等学校教職員組合機関誌『生徒とともに』祝創刊第70号「巻頭言・窓ぎわのトットちゃんとこれからの教育を考える」4～6頁　2025年3月

2　一般社団法人e教育サロン機関誌『チョウゲンボウ』3回連載（第1回　第103号・2024年9月1日／第2回　第104号・2024年10月1日／第3回　第105号・2024年11月1日）

3　『開智国際大学教職センター研究報告』第5号「本学における授業実践報告とその省察（その1）―「教育学概論」における学生のアクティブ・ラーニングを求めて―」51－59頁　2023年10月

4　『福井大学教育学部紀要』第62号11－20頁「教育実践史研究ノート（2）―研究方法論的吟味とトモエ学園の事例研究―」2006年12月＜拙著（2020）『教育の歴史的展開と現代教育の課題を考える』（三恵社）所収、135－147頁＞

第2部

1　日本科学者会議福井支部機関誌『福井の科学者』第140号（支部結成50周年記念特大号）「福井県における子どもの人権を守る取組みを振り返って」86－91頁　2024年1月

2　日本科学者会議機関誌『日本の科学者』第684号「ひろば　福井県における子どもシェルター・自立援助ホームの実践」58－60頁　2025年1月

3　私たちの東京教育大学編集会議『語り継ぐ私たちの東京教育大学』第2号「教

第3部　大正新教育研究の現代的課題

育大闘争の省察と現在」88－91頁　2025年1月

第3部
1. 『中部教育学会紀要』第23号「大正新教育研究の方法論的検討—民衆史の視点から福井県を事例に考える」1－13頁　2023年6月
2. 『開智国際大学・教職センター研究年報2024』「手塚岸衛の再評価と千葉師範附属小学校の教育実践—『自由教育真義』及び機関誌『自由教育』等を手がかりにして—」38－51頁　2025年3月

おわりに

　本書を読んでいかがでしたでしょうか。まだ、黒柳徹子さんの『窓ぎわのトットちゃん』を読んでいない方がおられましたら、ぜひ読んでみてください。ほんとうに読みやすい本です。今でもテレビや芸能界でご活躍されている黒柳徹子さんが「君は、本当はいい子なんだよ！」という小林校長先生の暖かい言葉に支えられて、現在まで生きてこられたことは本当に素晴らしいことだと思います。

　本書は 2020 年 5 月に同じ三恵社から出版した『教育の歴史的展開と現代教育の課題を考える―追究―コミュニケーションの軸から―』(347 頁) の続編です。今まで多くの論文を書いてきましたが、著作という形で自分の主張を世に出してこなかった自身の怠慢を反省しなければなりません。でも、今までの人生を振り返り、決して間違っていなかったとも思います。30 年間、福井大学で学び、語りあってきた人生と仲間は私にとって非常に貴重な財産です。今回、本書を出そうと考えた動機には、今から 2 年前に 37 年間住んだ福井を離れて、茨城県つくば市に転居して新たな人生を生きることになったこと、またご縁があって千葉県柏市にある開智国際大学に特任教授として 2 年間お世話になり、この 3 月に勤務を終える時点で、何か自分の足跡を残したいと考えたことがあります。開智国際大学では多くの仲間と出会い、お互いに学び合うことが出来ましたことに深く感謝しています。また 2 回の公開講座では市民の方々と貴重な出会いの場をもつことが出来ましたことにも深く感謝しています（第 1 回 2023 年 11 月 21 日「窓ぎわのトットちゃんと近代日本の教育」／第 2 回 2024 年 11 月 12 日「子どもシェルターと子どもの保護・自立援助」）。

　本書の出版に当たっては、今回も三恵社の木全俊輔社長に大変にお世話にな

りました。私からの久しぶりの突然のメールに、大変ご丁寧にお答えいただき、このような形で出版できることになったことに深く感謝申し上げます。また、家では妻と愛猫トラと一緒ですが、妻・和子の心配りにも深く感謝しています。

　最後に、開智国際大学のますますの発展を祈念し、また、本書を読んでくれた方々に深く感謝しますとともに、本書を出版できる幸福を感じながら、＜おわりに＞にさせていただきます。

2025年3月

森　透

【著者紹介】
森　透（もり　とおる）

1950年7月	東京生まれ
1970年4月	東京教育大学教育学部教育学科入学
1974年4月	同大学院教育学研究科修士課程（教育学）入学
1976年4月	筑波大学大学院博士課程3年次（教育学）編入学
1981年3月	筑波大学大学院博士課程単位取得満期退学
1985年9月	福井大学教育学部助教授着任（教育史担当）
2001年4月	福井大学教育学部教授着任
2006年4月～ 2008年3月	福井大学教育学部附属幼稚園長（教授兼任）
2008年4月～ 2010年3月	福井大学教育学部附属特別支援学校長（教授兼任）
2015年4月～ 2016年3月	福井大学教育学部附属幼稚園長（教授兼任）
2016年3月	福井大学教職大学院退職
2016年4月	福井大学教職大学院客員教授着任／福井医療短期大学看護学科教授着任
2017年4月	福井医療大学看護学科教授着任
2021年3月	福井大学教職大学院客員教授退職／福井医療大学教授退職
2022年9月	茨城県つくば市に転居
2023年4月	開智国際大学教育学部特任教授着任
2025年3月	開智国際大学特任教授退職

君は本当はいい子なんだよ！
―「トットちゃん」と今の教育を考える―

2025年3月31日　初版発行

著者　森　透

定価（本体価格1,400円＋税）

発行所　株式会社　三恵社
〒462-0056 愛知県名古屋市北区中丸町2-24-1
TEL 052 (915) 5211
FAX 052 (915) 5019
URL http://www.sankeisha.com

※ISBNは表紙に記載しております。無断転載・複製を禁じます。
※乱丁・落丁の場合はお取替えいたします。

©2025 Toru Mori